DECORATION TECHNIQUES AND DESSERT

Decoration Techniques & Dessert

데코레이션 테크닉 & 디저트 실무

김영광 저

www.shdbook.co.kr
SEOK HAK DANG

머리말 PREFACE

오늘날 소비자의 빵과 과자에 대한 취향은 단순한 영양섭취에서 맛과 색 모양을 중시하는 다양화를 보이고 있다. 특히 케이크 및 디저트에서 더욱더 그 향상은 뚜렷하며 요리에서 디저트가 중요한 위치를 차지하는 것을 보면서 이 분야가 향후 폭넓게 발전할 것으로 보아 본 교재를 집필하게 되었다.

케이크 데코레이션은 제과에 있어서 꽃이라고 할 수 있는 기술로써 케이크를 돋보이게 하고 상품가치를 높여준다. 지금은 결혼, 회갑, 생일 등 축하 행사에 데코레이션은 필수적이다. 데코레이션을 익히기 위해서는 반복연습과 지속적인 노력이 필요하다. 또한 다양한 모양을 만들어 내기위해 지속적인 창의성이 필요하다.

이 책은 데코레이션을 배우는 사람들에게 기술습득에 최소한의 시간투자로 높은 기술을 익히는데 도움이 되었으면 한다. 기초부터 자세한 방법과 고급기술을 습득 할 수 있는 다양한 데코레이션 케이크의 실물사진을 많이 실어서 배우는 사람들에게 여러가지 방법을 익힐 수 있는 지침서가 되었으면 한다. 성공비결은 꾸준한 노력과 반복되는 연습만이 자신을 발전시킬 수 있는 비결이다.

처음 가졌던 많은 의욕에도 불구하고 시간제약 등으로 인하여 만족할 만한 책이 되지 못한 점에 많은 아쉬움이 남는다. 그러나 주어진 여건 속에서 최선을 다한 결실이기에 자족하며 이 책을 대하는 이들에게 다소 나마 도움이 될 것임을 믿는다.

데코레이션을 공부하는 여러분에게 이 책이 길잡이가 되고 지침서가 되어 여러분에게 도움이 되었으면 한다.

어려운 조건에서 이 책을 펴내는데 도움을 주신 석학당 윤용호 사장님과 편집부 여러분께 감사드립니다.

2016년 2월

저 자

목차 CONTENTS

Part 2 디저트(Dessert) 137

Part 1. 케이크 데코레이션

1 케이크 데코레이션(Cake Decoration)이란?

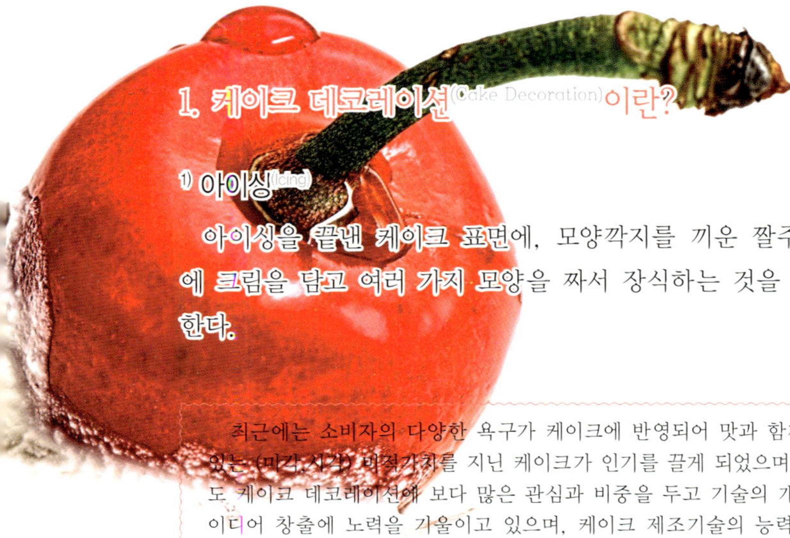

1. 케이크 데코레이션(Cake Decoration)이란?

1) 아이싱(Icing)

아이싱을 끝낸 케이크 표면에, 모양깍지를 끼운 짤주머니나 유산지에 크림을 담고 여러 가지 모양을 짜서 장식하는 것을 데코레이션이라 한다.

최근에는 소비자의 다양한 욕구가 케이크에 반영되어 맛과 함께 보고 즐길 수 있는 (미각,시각) 미적가치를 지닌 케이크가 인기를 끌게 되었으며, 제과 기술자들도 케이크 데코레이션에 보다 많은 관심과 비중을 두고 기술의 개발과 새로운 아이디어 창출에 노력을 기울이고 있으며, 케이크 제조기술의 능력을 평가하는 기준이 되고 있다.

2) 주요포인트

중심이 되는 데코레이션 부분을 위에 두었을 때는 옆면의 데코레이션을 가볍게 해주어 중심부분을 돋보이게 하고 단케이크처럼 옆면을 강조할 때는 반대로 해주는 것이 케이크를 아름답게 만드는 데코레이션 기법이다.

3) 케이크의 높이

3호, 4호, 5호 단케이크 등 크기에 따라 높이를 조절하며 밑면, 윗면에 알맞은 모양 및 크기의 모양까지를 사용한다.

4) 모양깍지의 종류와 기법

① 단순한 원형모양깍지보다는 별모양깍지를 이용하여 곡선 및 원 위주로 데코레이션을 해야 부드럽고 아름답게 만들 수 있다.

② 수십 개의 모양깍지가 있지만 사용하는 기법에 따라 1개의 모양깍지로 여러 가지 형태로 모양을 만들어 낼 수 있으므로 항상 새로운 아이디어 개발이 필요하다.

5) 데코레이팅(Decorating) 기본요령

버터크림은 부드럽게 풀어서 기포를 제거하고 사용해야 아름다운 모양을 낼 수 있다.

짤주머니에 아이싱 크림을 담는 요령

① 짤주머니의 아랫부분에 모양깍지를 끼운다.

② 짤주머니의 윗부분은 바깥으로 단을 접고, 스패츄라를 이용하여 단 아랫부분에 한 번에 약 3테이블스푼의 양으로 약 $\frac{1}{2}$컵의 아이싱 크림을 담는다.

③ 짤주머니의 단을 펴고 윗부분을 꼬아서 봉하고, 짤주머니를 잡은 손에 힘을 주어 크림이 아랫부분으로 내려가게 한다. 이때 짤주머니 안에 있던 공기를 일부 크림과 함께 바깥으로 짜낸다.

짤주머니를 잡는 요령

엄지손가락과 집게 손가락을 브이(V)자로 짤주머니의 윗부분을 잡고 꼬아 짤주머니 속에 공간이 생기지 않도록 하고, 손에 적당한 압력을 가하여 크림을 짜면 된다.

이때 다른 손의 손가락을 짤주머니의 앞부분을 지지하여 데코레이팅(Decorating)도중 균형이 흐트러지지 않게 한다.

짤주머니와 작업대의 각도

① 작업대 표면과 짤주머니가 직각(90°)을 이루는 자세 : 별모양이나 평평한 모양의 꽃을 짤 때

② 작업대 표면과 짤주머니가 45°의 각을 이루는 자세 : 글씨를 쓰거나 테두리 등의 선을 그릴 때

> 아이싱 디자인을 할 때 일정한 크기와 균일한 모양을 내기 위해서는 짤주머니를 잡은 손에 압력을 가했다가 풀어주는 동작을 일정하게 유지해야 하고 일정한 간격과 일정한 두께의 선을 유지해야 한다.

6) 모양깍지로 무늬내기

짤주머니에 일정양의 컬러크림을 길게 짜넣고 나머지 공간에 흰색 크림 등을 채워서 짜면 더욱 아름다운 모양을 만들어 낼 수 있다.

별모양깍지는 가장 많이 애용되는 깍지 중의 하나이다. 별모양, 소용돌이무늬, 조개모양, 꽃모양 등 매우 다양한 곳에 이용이 가능하다. 별모양은 짤주머니의 위치를 작업대와 직각이 되게 한 후 강하게 손에 크림을 짜는 손의 압력을 강하게 또는 약하게 함으로써 별의 크기를 조정할 수 있다.

또한 별과 별사이의 틈을 주지않고 연속해서 짜면 선이나 면의 형태를 이룰 수 있다.

별모양깍지로 왼쪽이나 오른쪽으로 원운동을 하면서 돌려 짜고 마지막 부분에서 손에 힘을 빼고 모양깍지를 들어주면 장식적인 효과를 거둘 수 있으며, 오렌지 쿠키가 이와 같은 형태로 짠 것이다.

조개모양은 짤주머니를 바닥과 45° 각도로 유지하면서 모양깍지를 바닥에 대고 세게 짜거나, 바닥에서 약간 들어 세게 압력을 주어 짜면서 바닥에서 끊어주면 된다. 별모양깍지와 마찬가지로 리본깍지를 이용하면서도 이와 같은 데코레이션 작업이 가능하다.

소용돌이무늬는 별모양깍지를 짜면서 길게 늘여주는 정도와 연결방법에 따라 다양한 형태의 무늬응용이 가능하다.

7) 잎모양 짜기

잎모양깍지를 이용하거나, 종이 짤주머니의 끝부분을 가위로 오려 새부리 모양으로 만들어 짜면 된다. 케이크의 크기와 꽃의 크기 등에 따라 꽃잎과 나뭇잎의 크기, 모양을 조정할 필요가 있다.

짤주머니를 잡은 손에 가해지는 압력의 세기와 길게 늘어뜨리는 정도를 달리하거나 마지막 부분에서 윗부분으로 살짝 들어 올린다거나, 짜면서 약간 흔들어 주는 등의 동작으로 잎의 모양과 크기를 다양하게 할 수 있다.

8) 커튼모양 짜기(주름무늬)

리본깍지 등으로 손의 스냅을 이용하여 바닥에 크림을 짜준다. 잎모양깍지로 주름을 짤 때는 작업대 표면과 짤주머니가 45°의 각을 이루는 자세로 하여 주름무늬 효과를 위해, 모양깍지 부분을 상하로 움직여 원을 그리듯이 3시 방향으로 짜 나간다.

2. 데코레이션 도구

데코레이션을 성공시키려면 도구류를 적적하게 사용하는 방법이 중요하다.

① 돌림판(Turn Table) : 케이크 데코레이션을 할 때 위에 케이크를 올려놓고 회전하며 사용

② 모형케이크(Wooden Cake) : 케이크 아이싱이나 데코레이션 연습 할 때 사용

③ 짤주머니(Decorating Bag) : 모양깍지를 끼우고 크림을 담는 방수재질의 원추형 주머니. (유산지로 대체사용 가능)

④ 모양깍지(Piping Tube) : 짤주머니에 끼워서 다양한 모양으로 짜서 정형하거나 케이크 표면에 장식하는 용도로 사용하는 도구. 별, 조개, 잎, 원형 등의 다양한 모양이 있다.

⑤ 붓(Brush) : 절단한 케이크에 시럽을 발라 제품의 노화를 지연시키고 촉촉함을 주는데 사용

⑥ 고무주걱(Rubber) : 크림을 옮기거나 짤주머니에 담을 때 사용

⑦ 거품기(Whipper) : 크림을 고르게 풀어주거나 섞어 줄 때 사용

⑧ 빵칼(Bread Knife) : 구워낸 케이크의 단면을 자를 때 사용

⑨ 스패츄라(Spatula) : 케이크 시트에 크림을 아이싱하거나 잼들을 바를 때 사용

⑩ 삼각칼(Triangle Comb) : 측면에 3가지 크기의 톱날이 있어 데코레이션 케이크를 아이싱 할 때 케이크의 옆면이나 윗면에 직선이나 곡선의 물결무늬를 내는데 사용

3. 짤주머니 만드는 법

시중에 판매되는 짤주머니 대신 유산지를 이용하여 다음과 같이 짤주머니를 만들 수 있다.

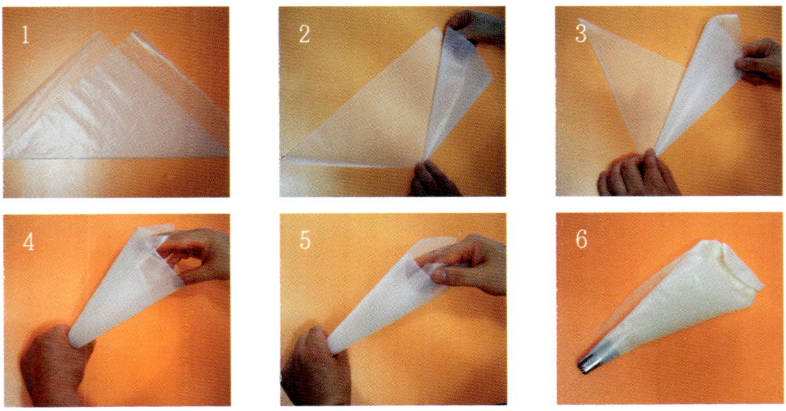

① 직사각형이 유산지를 삼각형모양으로 접어서 자른다.

② 각진 부분이 몸쪽으로 오게 놓고 가운데 부분을 왼손 검지와 중지로 중심을 잡는다.

③ 각진 부분을 엄지와 검지로 잡고 시계방향으로 말아준다.

④ 폭이 좁은 경우, 손을 넣어 시계반대방향으로 돌려서 원하는 만큼 넓힌다.

⑤ 폭이 넓은 경우, 손을 넣어 시계방향으로 돌려서 원하는 만큼 좁힌다.

⑥ 모양깍지를 끼우고, 크림을 넣은 후 크림이 새어 나오지 않도록 윗면을 접고 말아서 마무리한다.

4. 싸인 및 라인그리기, 글씨쓰기

A형 싸인버터 만들기

① 중탕한 다크초콜렛에 따뜻한 연유를 넣고 혼합한다.

② 마가린을 용해시킨 후 1에 넣고 혼합한다.

INGREDIENTS	W/MEASURES
다크초콜렛	300g
연 유	900g
마 가 린	50g

B형 싸인버터 만들기

① 쇼트닝을 크림화 한다.

② 식용유를 넣어 혼합한다.

INGREDIENTS	W/MEASURES
쇼 트 닝	620g
식 용 유	70g

C형 싸인버터 만들기

① 쇼트닝을 크림화 한다.

② 식용유를 넣어 혼합한다.

③ 코코아파우더를 체질 후 혼합한다.

INGREDIENTS	W/MEASURES
쇼 트 닝	300g
식 용 유	900g
코코아파우더	50g

※ 계절에 따라 식용유를 조절 할 수 있으며, 굳으면 살짝 열을 가하거나 식용유를 더 넣어 되기를 조절한다.

진행방법

① 한글, 한문, 영문 등을 케이크 상단에 가늘게 데코레이션하는 방법을 숙지한다.

② 간단하고 심플한 꽃모양을 그린다.

③ 실습 전 싸인펜 등을 사용하여 미리 스케치 해 본다.

④ 흰색과 진한 색의 2중 글씨모양을 연습한다.

⑤ 응용을 통하여 다양한 도안 및 방법 등에 대한 아이디어 창출한다.

⑥ 아크릴판 위에서 연습한다.

싸인(Sign)은 케이크의 마지막 단계에서 이루어지는 작업으로 케이크의 완성도를 한층 높여 주는 중요한 작업이다. 싸인버터는 온도에 따라 되기가 달라지므로 되기 조절을 한 후 유산지에 알맞은 양의 싸인버터를 담아 손의 압력을 조절하면서 글씨쓰기 작업을 한다. 싸인에서 가장 중요한 것은 손의 압력조절이다. 선의 굵기가 강약으로 조절된다. 그러므로, 싸인을 할 때에 압력을 조절하여 싸인을 한다면 더 한층 아름다운 케이크를 만들 수 있다.

선긋기에서 압력이 강하면 선이 겹치거나 좌우로 흔들이며, 압력이 약하면 선이 끊어진다. 따라서 알맞은 압력조절과 선의 각도를 완만히 하여 부드러운 곡선의 미를 살려주는 것이 중요하다.

한글

축	축	축	축	축	축	축	축
생일	생일	생일	생일	생일	생일	생일	생일
생신	생신	생신	생신	생신	생신	생신	생신
결혼	결혼	결혼	결혼	결혼	결혼	결혼	결혼
회갑	회갑	회갑	회갑	회갑	회갑	회갑	회갑
고희	고희	고희	고희	고희	고희	고희	고희

한자

祝	祝	祝	祝	祝
生 日	生 日	生 日	生 日	生 日
生 辰	生 辰	生 辰	生 辰	生 辰
結 婚	結 婚	結 婚	結 婚	結 婚
回 甲	回 甲	回 甲	回 甲	回 甲
古 稀	古 稀	古 稀	古 稀	古 稀
謹賀新年	謹賀新年	謹賀新年	謹賀新年	謹賀新年
萬壽無疆	萬壽無疆	萬壽無疆	萬壽無疆	萬壽無疆

레터링 무늬짜기

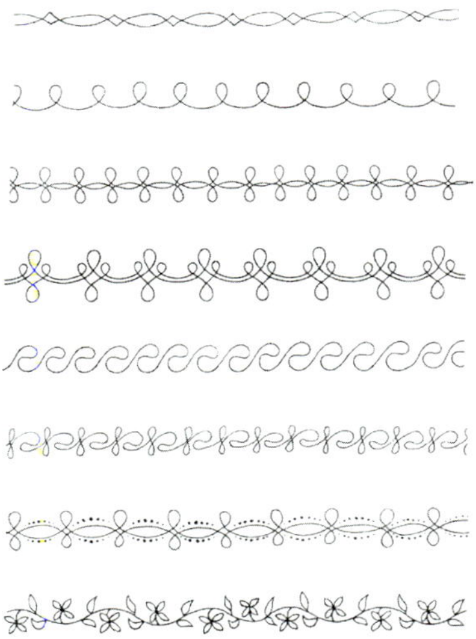

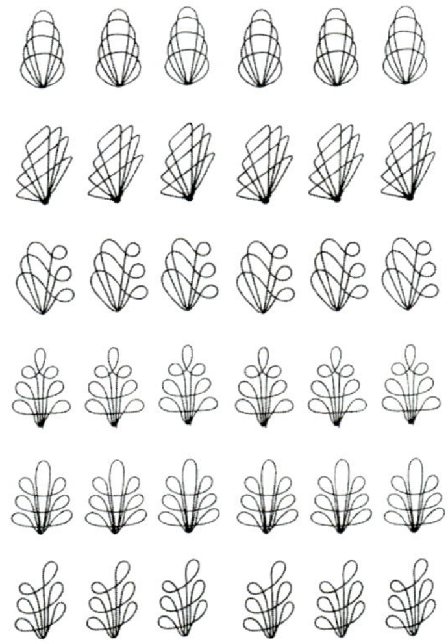

HAPPY BIRTHDAY

Happy Birthday

Happy Birthday

Happy Birthday

St. Valentine

MERRY X'MAS

Merry Christmas

HAPPY NEW YEAR

Happy Birthday

For you
Love

For you
사랑해요
HAPPY BIRTHDAY
Happy Birthday
LOVE
축생일
Happy Wedding

2 플라스틱 초콜릿 (Chocolate)

1. 초콜릿의 기초

1) 카카오에서 초콜릿이 되기까지

카카오의 전파

① 1519년 스페인 귀족 에르난 코르테스가 멕시코의 아즈텍 왕국을 점령하면서 원주민들이 마시는 카카오 음료를 발견하고 그것을 스페인 귀족들에게 전하게 된다.

② 이후 카카오는 상업적으로 판매되기 시작 하면서 유럽으로(네덜란드, 이탈리아, 독일, 영국)전해지고 또한 쓴맛을 줄이기 위해 꿀을 타서 마시게 된다.

③ 17세기 경에는 프랑스로 전해져 루이 14세 때에는 대유행을 하게

된다.

④ 19세기 경에는 스위스에서 현재 고형 초콜릿이 만들어 지면서 오늘날 초콜릿으로 이어지게 된다.

카카오란?

① 카카오 나무

- 오동나무과의 고목으로 학명은 Amygdala pecuniaria 이다.
- 원산지 : 멕시코, 베네주엘라로 알려져 있다.
- 재배지역 : 적도지방을 중심으로 북반구나 남반구의 20도 내에서만 자랄 수 있다.(베네주엘라, 멕시코, 나이지리아, 콜롬비아, 코스타리카, 에콰도르 등)
- 기후 : 강수량이 많고 기온이 높은 지역(고온다습)
- 나무수명 : 야생-80년, 농장재배-30년 정도
- 나무크기 : 3년뒤(3~5m), 10년 뒤(8m)
- 껍질 : 갈색으로 오래 될수록 껍질이 두꺼워 진다.

② 카카오나무의 꽃

- 카카오나무의 꽃은 여러송이가 모여서 되며, 가지가 아닌 중앙의 줄기나 큰 가지 근처에서 피어난다.
- 색 : 진한주주에서 아이보리 색까지 다양한다.
- 꽃피는 시기 : 3~4년이 되면 피기 시작한다.
- 수정 : 여러 송이의 꽃에서 1개가 수정되면 나머지 꽃들은 떨어지고 만다.
- 열매 : 꽃이 수정된 곳에서는 카카오 열매 1개가 열린다.

③ 카카오 열매

- 모양: 럭비공 모양의 열매로 딱딱한 껍질로 되어 있으며 10개 가량의 홈이 패여있다.
- 크기 : 길이 10~30cm, 직경 5~15cm

- 무게 : 300~500g
- 속 : 흰 섬유질 주머니의 달고 신맛이 나는 액체가 담겨있고, 그 속에는 30~60개가량의 카카오 빈이 들어 있다.
- 종류 : -크리올로(Criollo)종 -10%

· 포레스테로 아마조니아(Forastero amazonien)종 -70%

· 트리니타리오(Trinitario)종-20%

④ 카카오 빈(카카오 열매의 씨)

- 종류 : 카카오열매 마다 다르다.
- 색상 : 연한 갈색부터 붉은 벽돌 색 까지 다양함.
- 모양 : 아몬드와 비슷하며 약간 납작 한편.
- 크기 : 길이(20~25cm), 너비(12~16mm)
- 구성 : -외피(Shell) : 9~13%

· 배아(Germ) : 0.6~1.0%

· 배유(Nibs) : 85~90%

* 배유(Nibs)의 성분 : 지방(카카오 버터) 55%, 단백질 10%, 탄수화물 및 섬유질 18%, 수분 5%, 산류 2.3, 회분 2.5%, 테오브로민 1.5%, 탄닌5.5%, 기타(카페인, 알부미노이드, 알칼로이드 등)

초콜릿의 제조과정

① 생산 공정 : (수확 - 1차 가공 전 까지) 카카오 나무-카카오 열매 수확-카카오 분리-발효-건조-포장 및 출하

② 1차 가공 : (카카오 빈 가공-카카오메스 까지)

카카오 빈-선별-로스팅-파쇄 및 외피 분리-혼합-마쇄-카카오 매스

③ 2차 가공 : (카카오매스에서-완제품 까지)다른 원료혼합(설탕, 분유, 카카오버터, 향, 레시친)-분쇄(미쇄화)-정련(Conching)-반죽,숙성-템퍼린-성형(틀에팬닝)-쉐이킹(기포제거)-냉각-포장-저장(18도)

초콜릿의 일반적인 배합예

구 분	다크 커버추어(%)	밀크 커버추어(%)	화이트 커버추어(%)
카카오 매스	41	12~22	-
카카오 버터	25	22	30
설탕	34	35	50
전지분유	-	20	20
바닐라, 레시친	전체기준 : 1-~2	전체기준 : 1~2	전체기준 : 1~2

2) 초콜릿의 사용

템퍼링(Tempering)

① 템퍼링이란?

- 초콜릿에 함유된 카카오버터는 각기 다른 5가지 형태의 분자 구조로 구성되어 있다.(감마 : 19도-용해됨, 알파: 23도, 베타 세컨 : 27도, 베타프라임 : 34도, 베타 : 37도)
- 성질이 다른 제각각의 분자를 결정화시켜 안정성이 좋은 상태로 만들기 위한 작업을 Tempering(온도조절)이라 한다.

② 템퍼링 온도(생산하는 회사와 브랜드 마다 차이가 있다.)

종 류	용해온도(℃)	냉각온도(℃)	사용온도(℃)
다크 커버추어	45~50	27~28	31~32
밀크 커버추어	40~45	25~27	29~30
화이트 커버추어	38~40	24~26	28~29

③ 템퍼링 방법

ⓐ 준비단계 : 전자렌지, 중탕

- 초콜릿 작게 자르기
- 용기에 넣기(50~60%): 처음에 소량 녹인 후 나머지 넣고 녹이면 쉽다.
  - ⓑ 제1단계: 용해(종류별로 다르다 : 38~50도)*주의 : 공기 혼입 방지, 물(수분)혼입 방지, 타거나 익는 것 방지
  - ⓒ 제2단계 : 냉각(종류별로 다르다 : 24~28도)
- 수냉법 : 15도 정도의 찬물에 냉각하는 방법으로 도구, 장소의 제약을 덜 받는 방법
- 대리석법 : 20도 정도의 대리석에 녹인 초콜릿의 2/3정도를 붓고 온도를 떨어뜨리는 방법
- 접종법 : 초콜릿을 완전히 용해 한 후(38~50도) 온도를 36도로 떨어뜨린 후 템퍼링 된 초콜릿 조각을 넣고 온도를 (28~32도)까지 맞추어 사용하는 방법
  - ⓓ 제3단계: 재가온(사용온도)

냉각된(24~28도)초콜릿을 온도를 높여 (28~32도)사용하기 좋게 만든다.

초콜릿의 작업 및 보관

① 작업실 : 온도-18~20도, 습도-적은곳이 좋다

② 보관 : 온도(15~20도), 장소 : 서늘 한 곳(냉장, 냉동고는 피한다.)

2. 플라스틱 초콜릿

1957년 스위스 코바(coba) 학교에서 처음 만들어 졌다.

초콜릿에 액상포도당이나 물엿을 혼합하여 가공성을 향상시킨 소재를 사용하고, 플라스틱과 같이 다양한 모양으로 변형이 가능하고 취급

이 편리하다.

초콜릿에 함유된 카카오버터의 함량과 액상 포도당 또는 물엿의 양에 따라 되기조절이 결정된다.

- 배합 A : 동절기 커버추어 초콜릿 100% 액상포도당(물엿) 50%
- 배합 B : 하절기 커버추어 초콜릿 100% 액상포도당(물엿) 30~35%

제조공정

① 초콜릿과 물엿의 온도를 40~45℃로 맞춘다. (화이트-35~40℃)

② 초콜릿에 물엿을 넣고 가볍게 혼합한다.

③ 비닐 등으로 포장한 후 실온에서 24시간동안 휴지 및 결정화 시킨다.

※ 급할 때 : 찬 대리석에서 치대면서 탬퍼링 한 후 빨리 굳힌다.(냉장고)

④ 매끄러운 상태가 될 때까지 치댄다.

⑤ 밀폐용기에 담아 보관한다.

⑥ 사용 시 치대서 여러 가지 모양(꽃 등)을 만든다.

만드는 방법

① 설탕과 물을 115℃로 끓인 후 물엿을 넣는다.

② 35℃로 식혀서 초콜릿과 카카오버터을 넣고 섞는다.

③ 냉장고에서 굳힌 후 사용한다.

INGREDIENTS	W/MEASURES
설탕	100g
물	50g
물엿	300g
다크초콜릿	1,000g
화이트초콜릿	1,200g
밀크초콜릿	1,100g
카카오버터	145g

다크플라스틱 초콜릿

40℃로 초콜릿을 녹인 후 물엿을 섞어서 냉장고에서 굳힌 후 사용한다.

INGREDIENTS		W/MEASURES	
겨울		여름	
다크초콜릿	100g	다크초콜릿	300g
물엿	45g	물엿	120g

초콜릿 색소 이용

INGREDIENTS	MIX
카카오버터	100%
초콜릿 색소	8~10%

1. 카카오버터를 녹인다.(40~45℃)
2. 분말색소를 넣는다.
3. 핸드 블랜더를 이용해서 유화시킨다.
4. 사용 : 취미로 초콜릿에 섞어서 사용 일반 분사용(30~35℃)피스톨레한다.

※ 초콜릿 색소 유성색소(식품으로 허가를 받은 것)

분사용(피스톨레용)초콜릿

커버추어초콜릿에 카카오 버터를 첨가하여 묽은 상태로 가공한 초콜릿으로 공예작업 외형 질감 및 마무리에 필수적이다. 케이크의 외형 코팅제 데코레이션의 소재로 쓰인다.

- 배합률 : 컴프레셔의 출력에 따라 1마력 이하시 카카오버터 함량 (40~45%)

INGREDIENTS	MIX
커버추어 초콜릿	100%
카카오버터	30~50%

1. 초콜릿과 카카오버터를 45~50℃로 녹인다.
2. 핸드블랜드(바믹서를 이용하여 유화시킨다.
3. 고운 채 로 거른 후 28℃로 낮춘다.
4. 다시 32~35℃까지 온도를 높여서 사용한다.

※ 주의 : 탬퍼링 과정을 거치지 않고 고온으로 분사 할 경우에 블룸현상이 발생하고 광택이 없어 질 수 있다.

3. 초콜릿 공예의 기본요소

1) 점, 원(구)

① 초콜릿 공예의 가장 기본이 되는 요소

② 모든 형상을 구성하는 기본

③ 특수한 효과(확대, 축소, 집합)

④ 전체적인 조화를 이끌어 냄

2) 선

작품 전체의 이미지 구성에 결정적인 영향을 미친다.

① 완만한 곡선 :소재의 딱딱함을 누그러뜨림

② 작품 전체의 흐름을 결정한다.

3) 색체

제작자의 창작의미를 나타내는 중요한 수단이다.

① 너무 많은 색을 사용하지 않는다.

② 색상환에 대한 이해가 필수적이다.(기본 삼원색, 인접한색, 보색 관계등)

4) 형태

① 사실적인 표현을 하기가 다소 어렵다.

② 기하학적 형태를 이용한다. (원형, 정사각형, 직사각형, 마름모꼴 등)

③ 사물을 단순화 시켜 추상적으로 표현한다.

5) 균형

균형잡힌 작품은 편안함과 조화로운 느낌을 준다.

① 수직선형, 안정적인 삼각형

② 나선형구도1 균형미, 생동감에 적합하다.

6) 대칭

① 사물의 중심선을 축으로 좌, 우 양끝의 점의 크기나 위치에서 서로 호응을 이루는 것

② 예술작품에서의 기본 조건

③ 시각적인 만족을 느낀다.

7) 비례

크기, 수량 등 공예작품에서 주채, 색채의 사용, 사물과 공간관계 등에 큰 영향을 끼친다.

8) 장식

공예작품의 주제를 표현하고 동적인 느낌을 살려주며, 부속물을 배치하는데 영향을 미친다.

기둥만들기

① 철판에 종이 또는 비닐을 깔고 고정시킨다.

② 템퍼링한 다크초콜릿을 골고루 펴준다.

③ 다크초콜릿이 굳기 전에 송곳으로 라인을 잘라 준다.

④ 자른 후 초콜릿 위에 종이를 깔고 철판으로 누른 후 냉장고에 넣어 굳힌다.

※ 너무 많이 시간을 지체했을 때 부름이 생길수도 있다.

⑤ 기둥 두께가 얇을 시 철판에 종이를 깔고 초콜릿을 골고루 펴준 후 굳기 전 그전에 냉장고에 넣어 두었던 초콜릿을 올려 붙인다.

⑥ 처음 기둥 라인을 따라 송곳으로 한번 더 그려준 후 또 다시 냉장고에 굳을 때가지 넣어둔다.

바닥만들기

① 철판에 종이 또는 비닐을 깔고 고정시킨다.

② 그 위에 초콜릿을 얇게 핀 다음 굳기 전에 무스링 2호를 고정시킨다.

③ 무스링에 초콜릿을 부은 후 냉장고에 굳힌다.

초콜릿 라인 만들기

① 잘게 다진 다크초콜릿을 분쇄기에 간다.(초콜릿이 만질 수 있을 정도로 덩어리가 만들어 질 때까지)

② 초콜릿 반죽이 매끄러워질 때까지 치댄 후 라인 잡은 후 냉장고에서 굳히기.

9) 조립

기둥 다듬기

뜨거운 행주로 문질러서 다듬어준다.

※ 주의 : 너무 뜨거우면 굳은 후 부름이 생길수도 있다.

바닥 기둥 조립하기

접착할 부분에 칼집으로 흠집을 내준 후 조립한다.

장식, 꽃, 조립하기

기둥에 장식물을 조립할 때에는 위에서부터 조립한다.

초콜릿 온도가 너무 낮거나 기둥이 차가울 때 조립하면 접착이 잘 안된다. 조립시 항상 접착되는 면에 칼집을 내어 홈을 만든 후 부착해야 건고하게 된다.

4. 초콜릿 공예

재단꽃 I

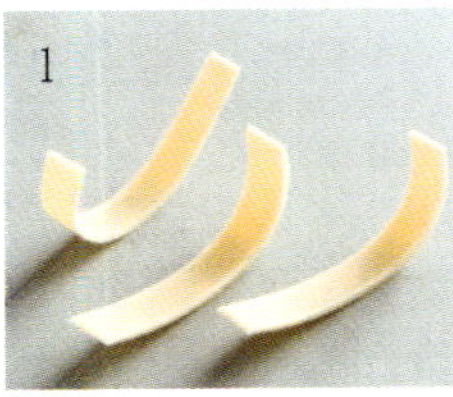

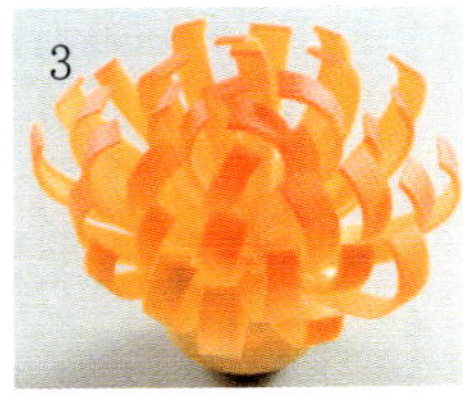

1. OHP 필름을 1cm로 재단한다.
2. 재단한 OHP 필름에 알콜을 뿌린 다음 고정 시킨 후 템퍼링 된 초콜릿을 일정한 두께로 골고루 펴준다.
3. 손에 초콜릿이 묻어나지 않을 정도로 굳으면 1cm 간격으로 재단한 후 밀대 위에 올려 굴곡을 만들어 테이프로 고정해 냉장고에서 굳힌다.
4. 구를 만든다.
5. 구에 칼집을 낸 후 꽃잎을 조립한다.
6. 색소 작읍으로 마무리한다. *색소작업 색소온도(35℃)

재단꽃 II

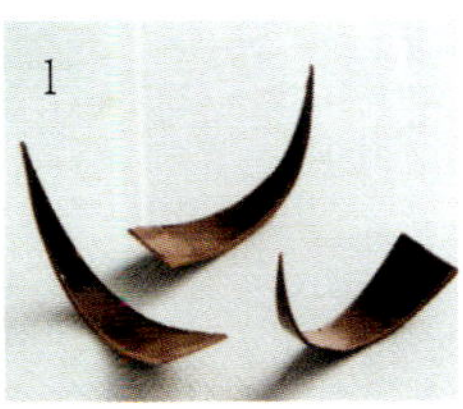

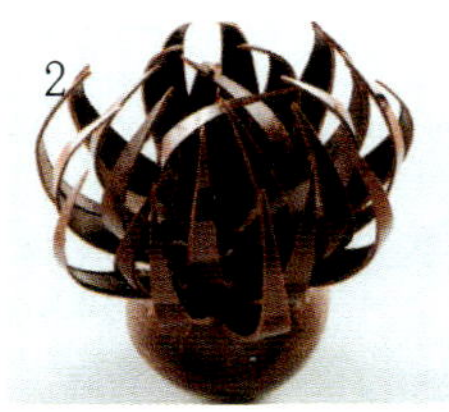

1. OHP 필름을 10cm로 재단한다.
2. 재단한 OHP 필름에 알콜을 뿌린 다음 고정 시킨 후 템퍼링 된 초콜릿을 일정한 두께로 골고루 펴준다.
3. 손에 초콜릿이 묻어나지 않을 정도로 굳으면 삼각형 모양으로 재단한 후 밀대 위에 올려 굴곡을 만들어 테이프로 고정해 냉장고에서 굳힌다.
4. 구를 만든 후 조립하여 색소 작업 후 마무리한다.

찍어서 만드는 꽃

1. OHP 필름을 알콜로 고정한다.
2. 과도와 같이 작은 칼을 템퍼링된 초콜릿에 담궈 적절한 양의 초콜릿을 묻혀 낸 다음 OHP 필름에 묻혀 모양을 만든다.
3. 초콜릿이 굳기 전 바게트 팬(불란서팬)에 올려서 모양을 잡아둔다.
4. 냉장고에 넣어 굳힌다.
5. 구를 만든 후 조립 후 색소 작업 후 마무리 한다.

초콜릿 볼(구)

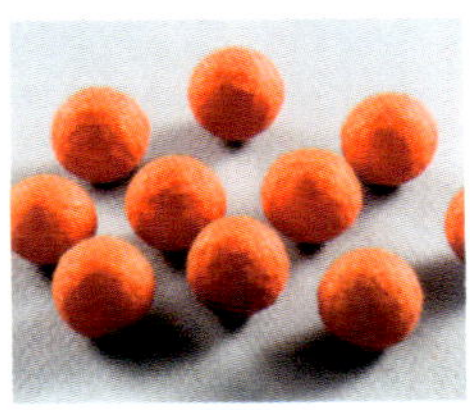

1. 스텐볼에 초콜릿을 넣어 30℃로 녹인 초콜릿 노란색소를 넣고 색소가 마를 때 까지 굴린다.
2. 금분 또는 은분을 넣고 굴린 후 초콜릿 빨간색소에 굴린다.

초콜릿 장미

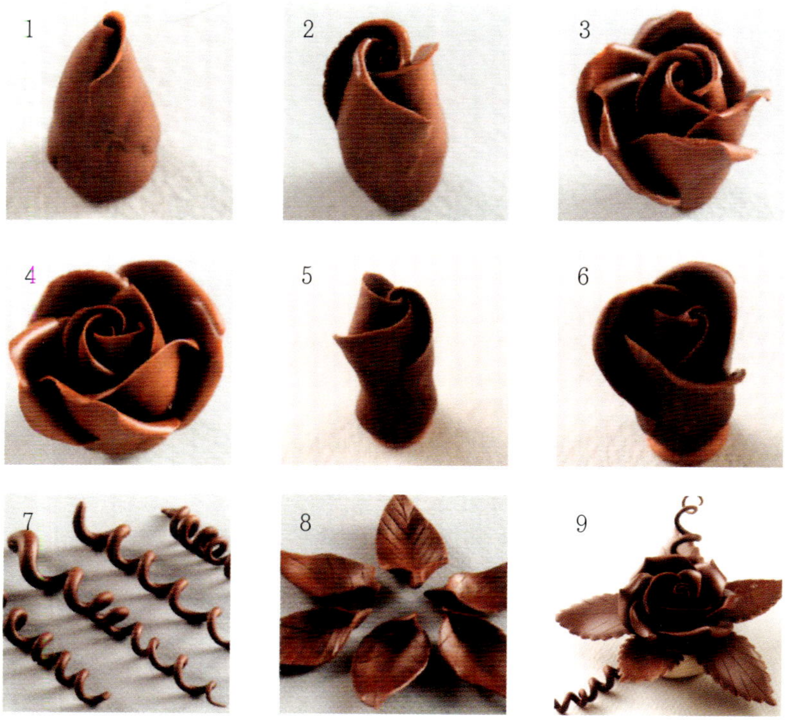

1. 원뿔 모양의 기둥을 만들고 꽃잎을 1잎 3잎 3잎 5잎 순으로 붙여 장미를 완성한다.
2. 줄기를 비벼서 원뿔 모양 대롱에 감아 냉장고에 넣어 안정시킨다.
3. 10g 정도의 타원형 뿔을 만들고 비닐을 대어 잎새 모양을 완성한다.
4. 각각의 부품을 조화롭게 완성한다.

초콜릿 데코레이션 장식물

스피랄 (연속적으로 돌아가는 모양)

1. 무스필름이나 두꺼운 비닐에 템퍼링한 초콜릿을 편다.
2. 페뉴로 긁어준다.
3. 80~90%정도 표면을 굳힌다.
4. 필름을 꼬아 부쉬틀에 넣어 굳히거나, 막대로 감아서 완전히 굳힌다.(냉장고)

※ 전사지 필름을 이용하기도 한다.(무늬내기)

부채 만들기

1. 템퍼링한 초코릿을 대리석에 얇게 편다.
2. 초콜릿이 손에 묻어 나지 않는 시점에 (80-90%) 초콜릿 스크레이퍼를 이용한다.
3. 왼손 검지를 대고 앞으로 밀면서 부채 모양을 만든다.

※ 색넣기 : 템퍼링한 화이트 초코릿을 짠 다음 90% 정도 굳힌다. 나머지 공정은 위와 같이 하면 된다.

리본

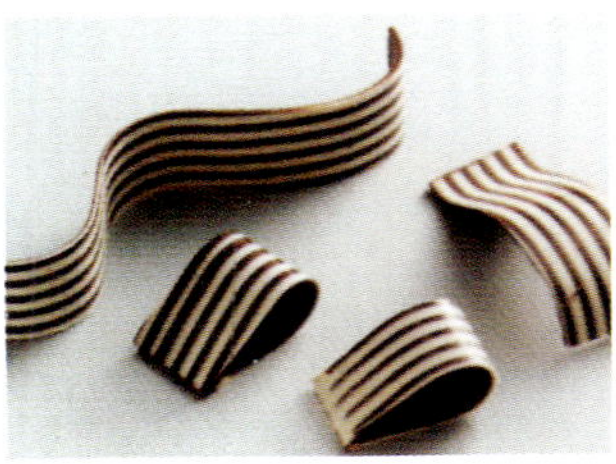

잎새(추상)

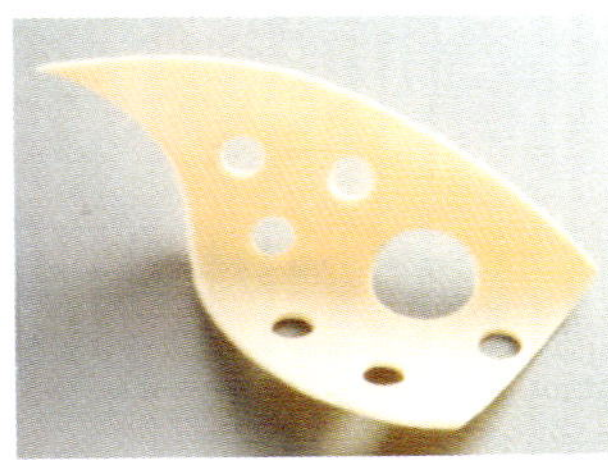

시가렛 (말린막대모양)

1. 템퍼링한 초콜릿을 대리석에게 편다.
2. 스크레이퍼로 사방을 정리한다.
3. 초콜릿이 손에 묻어 나지 않는 시점에(90%)
4. 스크레이퍼로 (45℃)힘있게 밀어서 시가렛을 만든다.

듀오 시가렛 (화이트 + 다크)

1. 템퍼링한 화이트 초콜릿을 대리석에 얇게 편다.
2. 굵은 페뉴로 긁어 낸다.
3. 약간 굳힌다.(80-90%)
4. 다크초콜릿을 얇게 편다.
5. 스크레이퍼로 사방을 정리한다.
6. 스크레이퍼로 (45℃)힘있게 밀어서 시가렛을 만든다.

나선형 링 I

나선형 링 II

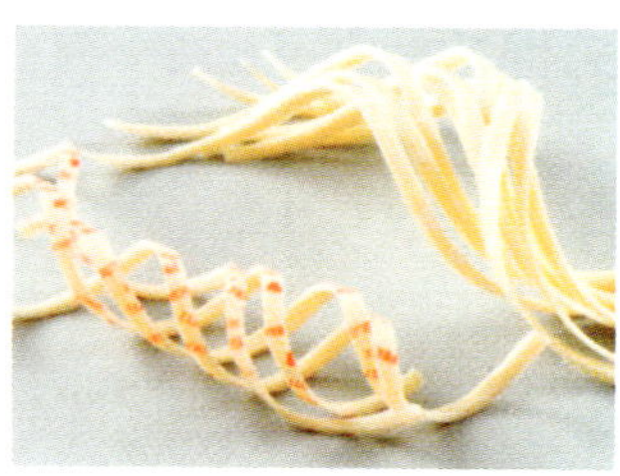

Decoration Techniques & Dessert

3 데코레이션 기법(Decoration)

1. 데코레이션 기법

책에 나와 있는 여러 가지 기법 이외에도 다양하게 응용할 수 있으며 모든 모양깍지로 책에 있는 모양을 다 데코레이션 할 수 있다. 응용하기에 따라 수십·수백가지의 다양한 데코레이션 모양을 만들 수도 있다. 책에는 1~2가지의 모양깍지로 현장에서 사용하는 여러 가지 데코레이션 기법을 소개해 놓았다.

1. 케이크 종류에 따라

- 생크림케이크 : 과일장식이 중요하므로 데코레이션의 비중은 상대적으로 적다. 모양깍지를 큰 것을 사용하여 볼륨있게 데코레이션을 해준다.
- 버터크림케이크 : 데코레이션의 비중이 크므로 신경을 많이 써야한다. 버터크림의 느끼함이 들지 않게 가늘고 작은 모양깍지를 사용하여 샤프하고 아름다운 곡선을 살려 균형있게 짜준다.

2. 케이크 높이

3호, 4호, 5호, 단케이크 등 크기에 따라 높이를 조절하며, 밑면, 옆면, 윗면에 알맞은 모양 및 크기의 모양 깍지를 사용한다.

3. 주요 데코레이션 포인트

위, 옆면 등 어느 쪽면을 강조할 것인지를 선택하고 다른면은 비교적 간단한 모양으로 마무리한다. 그렇지 않을 경우 전체 모양에 균형이 맞지 않을 수 있다.

4. 모양깍지 종류와 기법

단순한 원형 모양깍지보다는 별모양깍지를 이용하여 곡선 및 원 위주로 데코레이션해야 부드럽고 아름다운 케이크를 만들 수 있다.

2. 아이싱 연습용 크림만들기

배합표

	쇼트닝	분 당
겨 울	100%	50%
봄·가을	100%	100%
여 름	100%	150%

제조방법

① 쇼트닝을 부드럽게 풀어준 후 분당을 넣고 100% 거품을 올려 사용한다.

② 제조된 크림은 서늘한 곳에 보관하였다가 사용직전에 거품기를 사용하여 부드럽게 풀어서 사용한다.

용도

아이싱 및 데코레이션 연습 시 사용

3. 모양까지에 따른 응용방법

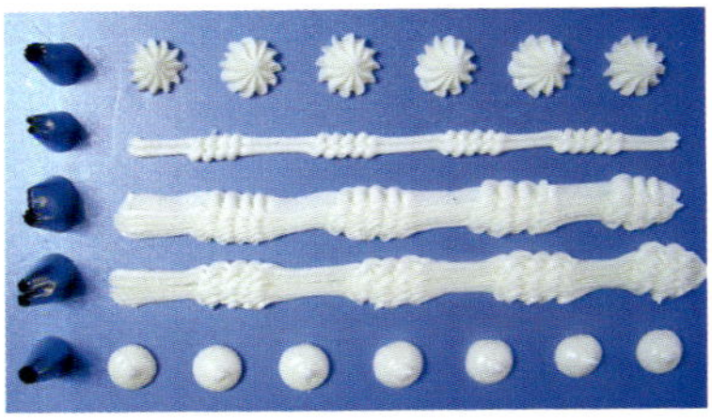

소라 모양으로 손의 압력과 원으로 돌려주는 선을 중요시하는 기법이다.

조개모양의 데코레이션기법은 손의 압력조절과 곡선의 아름다움을 살려주는 것이 중요하다. 모양 깍지의 종류에 따라 같은 기법으로 여러 종류의 모양을 만들 수 있다.

가장 많이 사용하는 팔자모양 기법으로 손의 압력과 선의 조화가 중요하다.

케이크 옆면에 많이 사용하며 부드러운 곡선을 강조하여 데크레이션 하는데 주의해야 한다.

4. 옆면 레이스 그리기

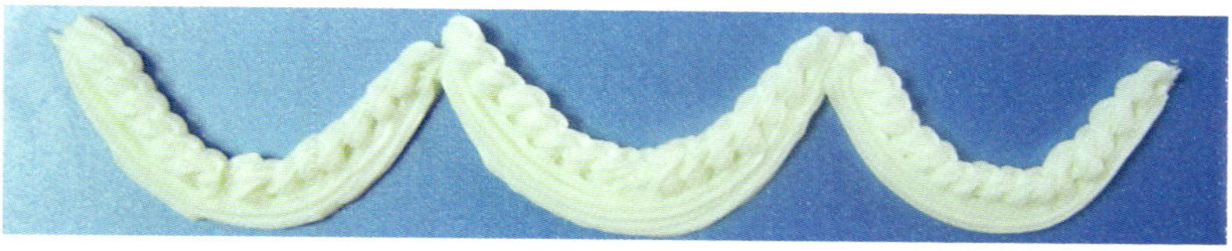

물결모양깍지로 반달모양을 그리고 그 위에 별모양깍지로 바깥쪽에서 안쪽으로 돌려 그리기

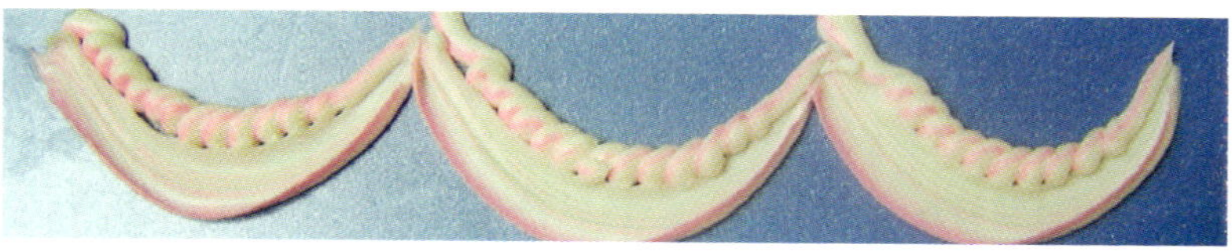

리본모양깍지를 끼운 짤주머니에 컬러크림을 1/3 채우고 나머지 2/3에 흰색크림을 채운 후 반달모양으로 밑부분을 짜준다. 그 위에 둥근모양깍지에 컬러크림을 채워서 일자로 시작 후 바깥에서 안쪽으로 돌려짜주다가 다시 일자로 끝낸다.

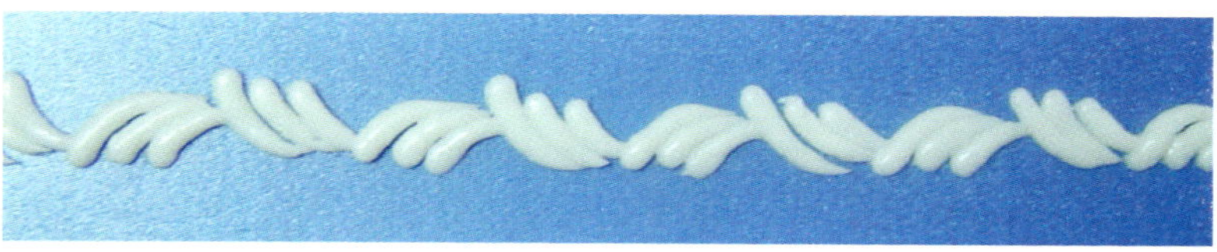

위에서 아래로 3개씩 짜준 후 다시 밑에서 위로 3개씩 짜주며 이를 반복한다.

가는 둥근모양깍지로 반달모양을 짜준 후 반달 중앙에서 시작해서 선이 겹치게 짜준 다음 둥근모양 깍지로 물망울 모양을 3개씩 짜준다.

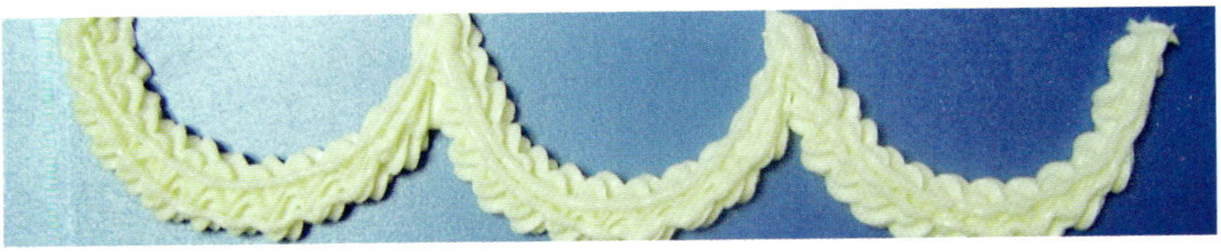

가는 둥근모양깍지로 반달모양을 짜준 후 반달 중앙에서 시작해서 선이 겹치게 짜준 다음 둥근모양 깍지로 물망울 모양을 3개씩 짜준다.

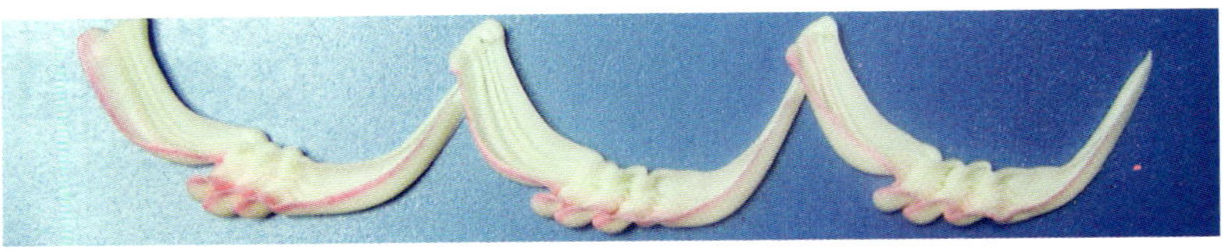

리본깍지로 둥글게 그려서 가운데를 바깥에서 안쪽으로 돌려서 짜주고 나머지 부분은 둥글게 짜준다.

5. 모양깍지를 이용한 여러가지 형태 그려보기

손의 압력과 짜주는 속도가 일정하게 맞을 때 올바른 선이나오고 손의 압력을 센데 속도가 느리면 꼬불꼬불한 모양이 나온다.

6. 라인그리기

모양깍지를 1줄을 짠 다음 그 위에 짜놓은 선과 같은 굵기의 간격을 두고 가로로 짠다. 끝부분이 보이지 않게 새로운 1줄을 짜고 그 간격을 메꾸어가며 가로로 짠다.

좌우의 조개모양을 모양깍지르 약간 돌리듯이 짠다.

별모양깍지를 상하로 살짝 움직이면서 활모양을 그리듯이 짠다.

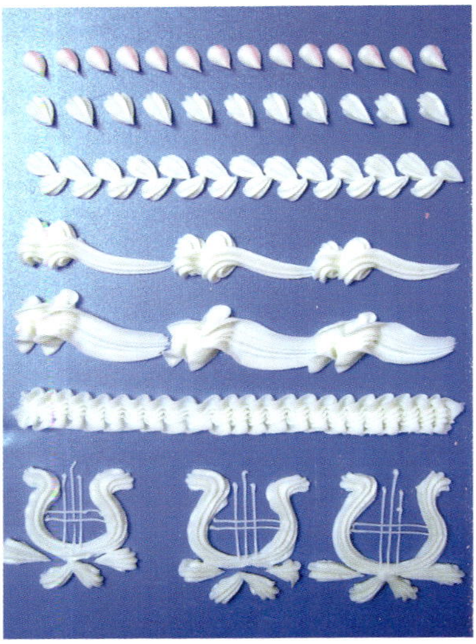

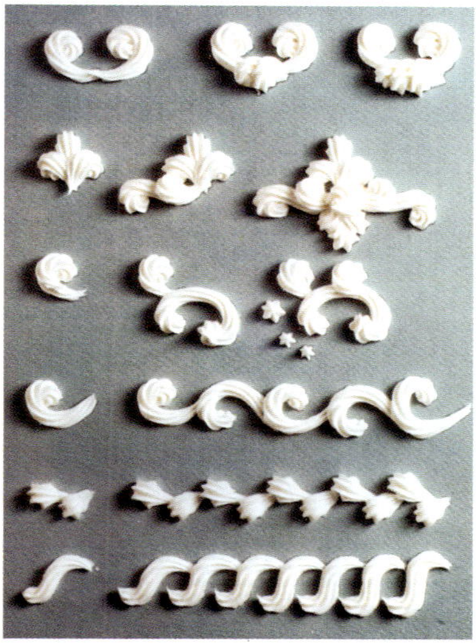

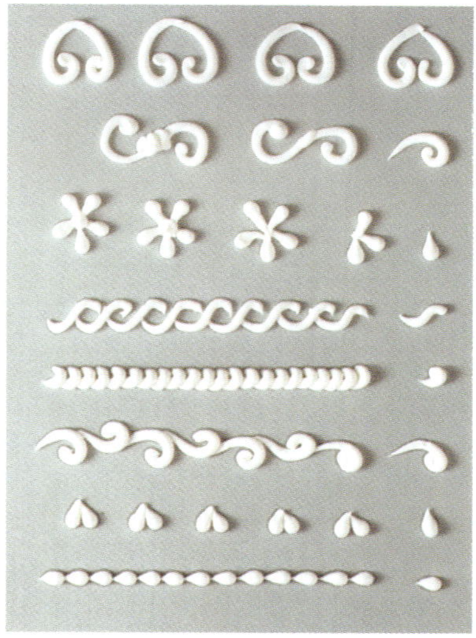

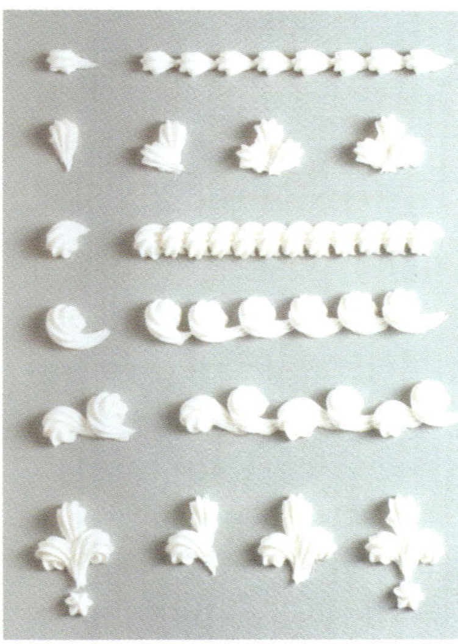

Decoration Techniques & Dessert

4 버터크림 케이크(cake)

1. 스폰지 케이크 및 버터크림 만들기

1) 스폰지케이크 만들기

배합표

	스폰지케이크(2호4팬)	스폰지케이크(3호4팬)
계 란	13개	19개
박력분	315g	481g
설 탕	315g	481g
버 터	100g	180g
물 엿	55g	60g
유화제	16g	24g
물	40g	60g
소 금		4g

제조방법

① 밀가루를 체에 내린다.

② 믹싱불에 박력분, 계란, 소금, 설탕, 유화제, 물엿 을 넣고 저속30초 중속,고속으로 믹싱한다.

③ 손으로 반죽을 찍어 보았을때 일정한 간격을 두고 떨어지고 믹싱볼에 남아있는 반죽이 공기방울처럼 튕기는 상태가 믹싱이 완료된 상태이다.

④ 녹인버터에 반죽의 일부를 덜어서 섞은 후 나머지 반죽에 섞어준다. 이렇게 하면 버터가 가라 앉지 않고 반죽에 고르게 섞인다.

⑤ 물을 부어서 농도를 조절한다

⑥ 굽기 : 위아래 180℃~185℃ 오븐에서 30~35분굽는다. 크기에 따라 약간의 시간차 있음.

팬준비

① 팬 옆면에 깔 기름종이는 팬 위로 1cm정도 올라오게 자른다.

② 팬 바닥에 기름종이를 깔아준다.

③ 팬의 70% 정도 반죽을 팬닝 한다.

④ 한번 살짝 내리쳐서 공기를 제거한 후 굽는다.

2) 버터크림 만들기

배합표

	버터크림
버 터	1,000g
마 가 린	300g
설 탕A	700g
설 탕B	140g
물	180g
흰 자	200g
연 유	100g
럼	50g

제조방법

① 설탕 A에 물을 넣고 겨울철115℃/여름철118℃까지 끓인다. 끓이면서 깨끗한 붓으로 찬물을 묻혀 볼안쪽 가장자리의 설탕결정체가 생기는 것을 닦아준다.

② 흰자를 휘핑하면서 설탕B를 넣고 계속 휘핑하여 공기포립이 생기면, 끓여서 식힌 설탕시럽을 4~5차례 볼의 가장자리를 이용해 넣으면서 저속으로 휘핑한다.

③ 시럽이 섞이면 중속으로 휘핑하여 머랭이 어느 정도 식으면 버터와 마가린을 나누어 넣고 계속 공기포립을 한다.

④ 80% 믹싱 후 실내 또는 냉장에 보관하고 필요량 만큼 덜어서 부드럽게 휘핑해서 사용한다.

흰자를 이용한 이탈리안 버터크림은 가볍고 보존성이 좋다.
버터크림을 만드는 방법은 다양하며 럼, 연유 등을 첨가하는 방법도 있다.

3) 모카스폰지 만들기

모카스폰지 배합표

	모카스폰지
계 란	20개
설 탕	461g
물 엿	130g
인스턴트커피	20g
박력분	461g
버 터	150g

모카버터크림 배합표

	모카버터크림
버터크림	2,000g
인스턴트커피	100g
럼 주	50g

모카스폰지 제조방법

① 설탕과 계란, 물엿을 휘핑하여 반죽을 손가락으로 찍었을때 일정한 간격을 유지하며 떨어지면 끝낸다.

② 인스턴트커피가루와 박력분을 섞어서 체에 내려 넣고 섞는다.

③ 반죽의 일부분을 덜어서 녹인 버터와 섞은 후 남은 반죽과 섞는다.

④ 팬에 종이를 깔고 70% 팬닝한다.

⑤ 윗불190℃ 밑불180℃에서 25분간 굽는다.

모카버터크림 제조방법

① 럼에 인스턴트커피를 녹인다.

② 1에 버터크림을 넣고 섞는다.

4) 초콜릿케이크 만들기

초콜릿스폰지 배합표

	초콜릿스폰지
계 란	20개
설 탕	461g
박력분	390g
B.P	2g
버 터	40g
우 유	41g
물 엿	76g
코코아파우더	34g

초콜릿 버터크림 배합표

INGREDIENTS	W/MEASURES
버터크림	1,700g
초코시럽	300g
코코아파우더	45g

초콜릿 버터크림

① 버터크림에 초코시럽과 코코아파우더를 섞어준다.

② 버터크림에 가나쉬를 섞어서 사용할 수 있고, 초콜릿을 녹여서 섞어 사용할 수 있다.

INGREDIENTS	W/MEASURES
밀크초콜릿	400g
쇼트닝	150g
식용유	80g
생크림	50g

코팅용 초콜릿

① 쇼트닝을 끓여서 식용유와 섞은 후 잘게 잘라놓은 초콜릿에 붓고 생크림을 섞어서 약간 걸죽해 질 때까지 냉각시킨 후 사용한다.

가나쉬(샌드용)

INGREDIENTS	W/MEASURES
다크초콜릿	200g
생크림	200g

시럽

INGREDIENTS	W/MEASURES
물	200g
설탕	100g
레몬	1/3개
계피스틱	20g

초콜릿케이크 만드는 법

① 초콜릿 스포지를 3단으로 자른 후 시럽을 촉촉히 바른 후에 가나쉬를 발라서 3단 샌드 한 후 초콜릿 버터크림으로 아이싱 한 후 냉장에서 20~30분 정도 굳힌 후 코팅용 초콜릿의 농도를 맞추어 코팅한다.

② 코팅초콜릿이 굳으면 초콜릿 버터크림이나 가나쉬로 데코레이션 해준다.

초콜릿 버터크림 배합표

	초콜릿 버터크림
버터크림	2,000g
생크림	100g
다크초콜릿	100g

초콜릿스폰지 제조방법

① 계란, 설탕, 물엿을 볼에 넣고 휘핑하여 힘있는 거품상태가 되면 꺼낸다.

② 박력, 코코아 파우더를 체에 내려 주걱으로 서서히 고르게 섞는다.

③ 반죽을 약간만 덜어서 버터와 섞어주고 나머지 반죽과 혼합 후 우유를 섞는다.

④ 오래 섞으면 반죽이 삭아버린다.

⑤ 팬에 70% 팬닝한다.

⑥ 굽기 : 윗불190℃ 밑불180℃ 오븐에서 25분간 굽는다.

초콜릿버터크림 제조방법

① 가나슈를 만든 후 식힌다.

② 1에 버터크림을 섞는다.

2. Hippen paste 케이크 데코레이션용 만들기

배합표

	Hippen Paste
설 탕	180g
마지판	50g
계피가루	1.5g
소 금	1.5g
계 란	3개
강력분	150g
우 유	5dl

Hippen Paste 제조방법

① 설탕, 마지판, 계피가루, 소금을 먼저 섞는다.

② 계란을 섞는다.

③ 강력분을 섞는다.

④ 우유를 넣고 고르게 섞일 정도만 저어준다.

마지판이 없을 때는 아몬드가루와 설탕을 먼저 반반씩 섞어서 사용한다.

용도 : 반죽을 짤주머니에 넣고 철판에 원하는 모양을 그려서 구워낸 후 케이크등에 데코레이션용으로 사용한다.

3. 케이크 아이싱 연습하기

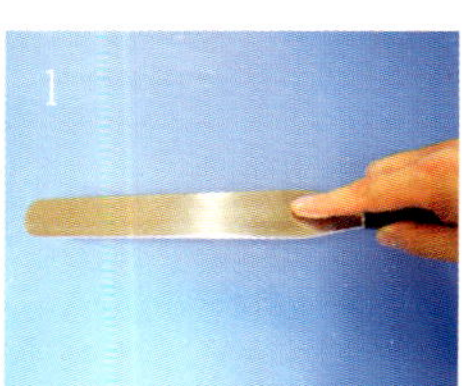

① 스페츄라 바르게 잡는 법

1. 손잡이 부분을 부드럽게 감싸 잡는다.
2. 검지를 펴서 스패추라 위에 올려 놓는다.

② 상단 아이싱 하기

1. 케이크 윗면에 크림을 윗면을 다 덮고남을 만큼의 양을 올려 놓는다.
2. 스패츄라를 15도 각도로하여 스패추라를 수평으로 잡고 크림을 밀고 당기면 넓게 펴준다.
3. 이때 돌림판을 천천히 돌려준다.
4. 스패츄라를 잡을 때 적당히 힘을 가하여 크림이 너무 두껍게 발리지 않도록 한다.

③ 상단 고르기

1. 크림이 다 발리면 돌림판을 조금 빠르게 돌리면서 스패츄라를 수평으로 붙인 상태로 표면을 매끄럽게 만든다.
2. 스패츄라에 힘이 고르게 가지 않고 끝에 힘이 가면 가운데가 파인다.
3. 크림이 윗면 가장자리까지 흘러 나올 수 있도록 충분히 돌려준다.

④ 옆면 바르기

1. 케이크 옆면에 스패츄라로 크림을 떠서 붙인 상태로 스패츄라를 수직으로 세워 15도 벌린 상태에서 밀고 당기기를 하면서 케이크 옆면이 안보이게 바른다.
2. 스패츄라를 세워 옆면에 15도 각도로 벌려서 반듯이 댄 후 돌림판을 시계반대방향으로 2~3회 돌려가며 옆면을 깨끗하게 정리한다.
3. 돌릴 때에는 스패츄라의 위,아래부분에 힘을 동일하게 준다.

⑤ 윗면 정리하기

1. 스패츄라를 45도 정도로 기울여서 케이크 바깥쪽에서 안쪽으로 솟아오른 크림을 깍아 낸다.
2. 스패츄라가 안쪽으로 이동시 힘을 약하게 한다.
3. 바깥쪽에서 안쪽, 반대쪽까지 돌려가며 넓게 쓸어서 윗면을 평평하게 한다.

⑥ 아이싱 완성된 상태

4. 케이크 데코레이션 실습하기

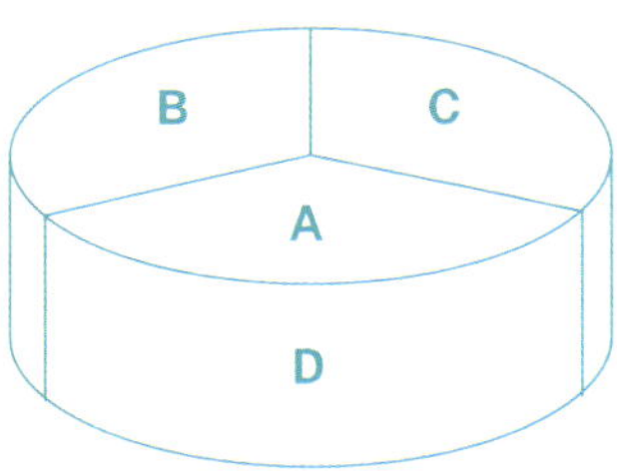

1. A면에는 버터 크림 장미꽃 2송이를 올려 장식한다.
2. B면에는 초콜릿으로 코팅하고 머랭 장미꽃 2송이와 잎새를 장식한다.
3. C면에는 마지팬으로 커버링을 씌우고 마지팬 장미꽃 2송이와 숫사자를 올려 진열한다.
4. D면은 각각의 커버링과 조화되도록 장식하고 기타 부분은 전체의 조화를 감안하여 모양깍지를 활용해 완성한다. (전체 높이 12cm 이내)

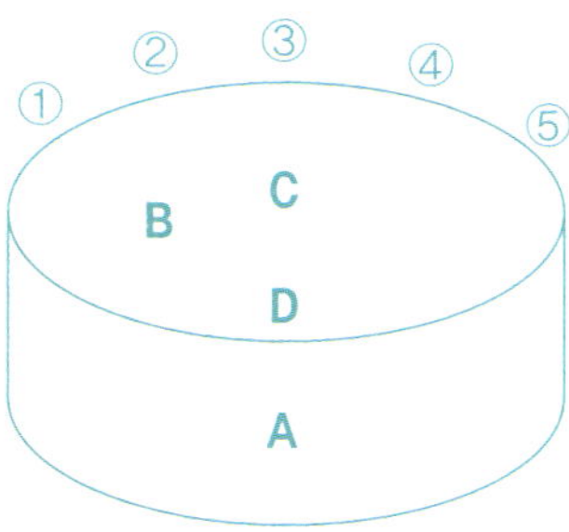

1. B면의 ①②③④⑤에는 마지팬 동물 5마리를 만들어 진열(동물 1개의 무게는 50g 이하)한다.
2. C면은 버터 크림으로 장미꽃과 잎새, D면은 버터를 사용해 〈축 생일〉을 쓰고 B면의 기타 부분은 전체의 조화를 감안하여 선 그리기로 표현해 완성(전체 높이 12cm 이내)한다.
3. A면은 별 모양 깍지를 이용해 케이크 밑부분 둘레에 장식한다.

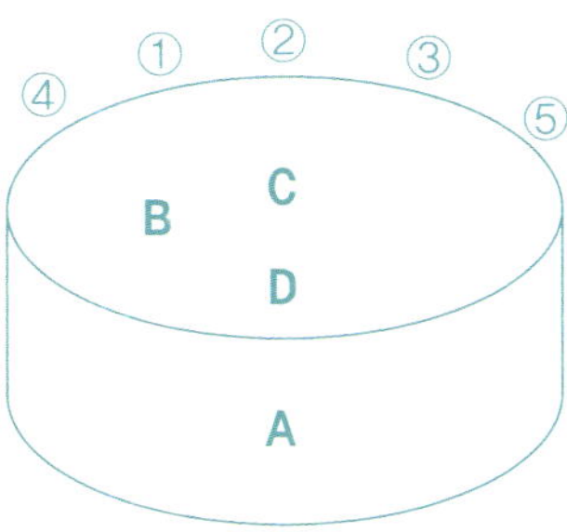

1. B면의 ①②③에는 마지팬 동물 강아지, 토끼, 사자, 곰, 사슴중 3가지를 선택하여 진열(동물 1개의 무게는 50g이하)한다.
2. ④⑤에는 머랭 동물 강아지, 오리, 사슴, 토끼, 코끼리, 중 2가지를 선택하여 진열한다.
3. C면은 버터를 사용해 〈축 어린이날〉을 쓰고 D면은 머랭으로 장미꽃 3송이와 잎새, B면의 기타 부분은 전체의 조화를 감안하여 자유롭게 표현해 완성(전체 높이 12cm 이내)한다.

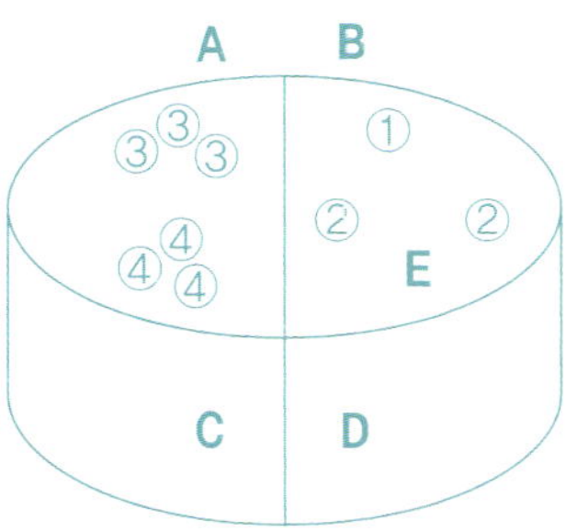

1. B면의 ①에는 코코아 색 마지팬으로 만든 꽃 1송이를 진열한다.
2. B면의 ②에는 쵸콜렛 플라스틱으로 만든 꽃 2송이와 잎을 진열한다.
3. A면의 ③에는 머랭으로 만든 꽃 3송이를 진열한다.
4. A면의 ④에는 서로 다른 동물 세 가지를 선택하여 진열(동물 1개의 무게는 50g이하)한다.
5. E면은 버터를 사용해 〈스승의 은혜〉를 쓰고 윗면의 기타 부분은 전체의 조화를 감안하여 자유롭게 표현해 완성(전체 높이 12cm 이내) 한다.

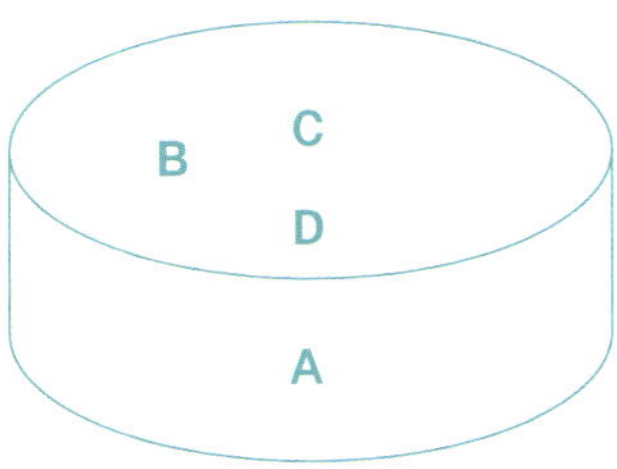

1. B에는 초콜릿 사인이 두께 1mm, 간격 1cm 이하로 네트를 짜준다.
2. C에는 마지팬으로 장미꽃 1송이와 잎새를 진열한다.
3. D면은 마지팬을 위에 〈축 가정의 달〉을 쓴다.
4. A면의 옆면은 별모양 깍지로 그림처럼 모양을 내어 세 부분에 짜준다.
5. A면은 밑면에는 바구니 보양 깍지로 장식하고 B면의 기타 부분은 전체의 조화를 감안하여 자유롭게 표현해 완성(전체 높이 12cm 이내) 한다.

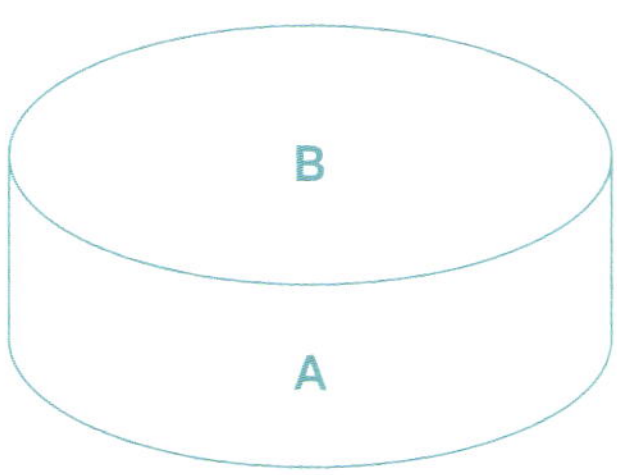

1. B면은 마지팬 동물 사자, 토끼, 곰을 진열하고 (동물 1개의 무게는 30g이하)머랭으로 만든 강아지 토끼와 머랭 장미꽃 3송이를 진열한다.
2. A면은 자유롭게 무늬를 짜준다.
3. B면의 앞면에 버터를 사용해〈한문〉을 쓰고 B면의 기타 부분은 전체의 조화를 감안하여 자유롭게 표현해 완성(전체높이 12cm 이내)한다.

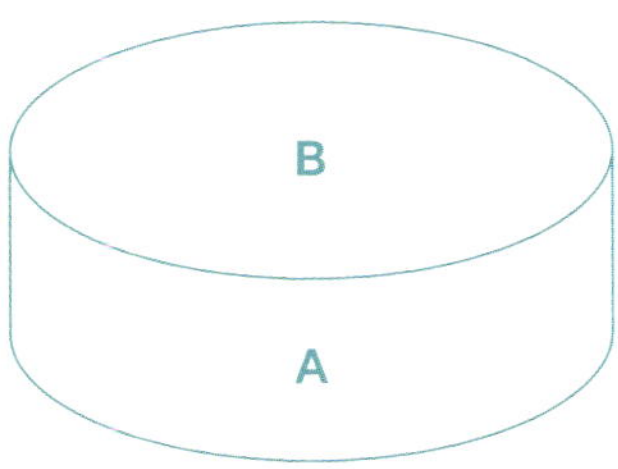

1. B면에는 머랭으로 만든 동물 강아지, 병아리, 비둘기와 쵸콜릿 플라스틱 장미꽃 3송이와 잎을 진열한다.
2. B 면은 지정 무늬를 짜준다.
3. B면의 앞면에 마지팬으로 싸인판을 만들어 (Happy Birthday)를 쓴다.
4. A와 B면의 기타 부분은 전체의 조화를 감안하여 자유롭게 표현해 완성(전체높이 12cm이내)한다.

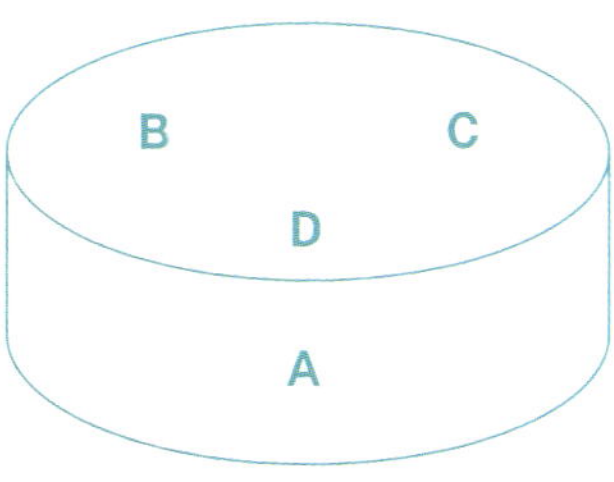

1. B에는 마지팬으로 장미꽃 1송이와 잎새를 진열한다.
2. C에는 마지팬 동물 곰, 다람쥐, 당아지(동물 1개의 무게는 30g이하)를 진열하고 D면은 〈축 사랑의 달〉을 쓴다.
3. Aaus의 옆면은 별모양 깍지로 그림처럼 모양을 내어 세 부분에 짜준다.
4. A면의 아랫 부분은 톱니 모양깍지로 짜준 다음 그 위에 원형 모양 깍지를 이용해 물방울 짜기를 한다. B면의 기타 부분은 전체의 조화를 감안하여 자유롭게 표현해 완성(전체높이 12cm 이내)한다.

5. 여러가지 버터크림 케이크 데코레이션

1. 머랭장미, 토끼, 코끼리를 이용한 버터크림 케이크

2. 머랭장미, 복숭아, 단감을 이용한 버터크림 케이크

3. 머렁장미를 이용한 버터크림 케이크

4. 초코 플라스틱 장미를 이용한 버터크림 케이크

5. 마지팬 장미를 이용한 버터크림 케이크

6. 머랭장미, 강아지, 토끼, 곰을 이용한 버터크림 케이크

Decoration Techniques & Dessert

5 여러 종류의 케이크 데코레이션 기법

1. 여러 종류의 케이크 데코레이션 기법

케이크에서 가장 중요한 부분중의 하나가 균형있는 높이, 밑면과 윗면의 같은 크기의 지름 등을 가볍게 생각할 수 있지만 아름다운 케이크를 만들기 위해서는 전자의 조건이 조화를 이루어야 가능합니다.

그리고 중심이 되는 데코레이션 부분을 위에 두었을때 옆면의 데코레이션을 가볍게 해주므로 중심 부분을 돋보이게 하고 단케이크처럼 옆면을 강조할 때는 반대로 해주는 것이 케이크를 아름답게 만드는 데코레이션 기법입니다.

1. 옆면을 7등분하여 물결모양깍지로 반달모양을 그리고, 그 위에 별모양깍지로 바깥쪽에서 안쪽으로 돌려 그려 준다.
2. 밑면을 별모양깍지로 꽈배기모양을 짜준다.
3. 상단 장미 3송이를 올리고 가는 둥근모양깍지로 선을 그려준다.

1. 리본모양깍지를 끼운 짤주머니에 칼라크림 1/3을 채우고 나머지 흰색크림을 채운 후 반달모양으로 휘어서 짠다.
2. 둥근모양까지로 칼라크림을 채워서 일자로 시작한 다음 바깥쪽에서 안쪽으로 돌려 짠 후 끝모양을 일자로 끝낸다.
3. 밑면을 둥근모양깍지로 물방울형태로 돌려가며 짜준다.

눈덮인 숲속에서 아기사슴 2마리가 놀고 있는 모습을 그렸으며 원형 모양깍지를 사용한다.

장미꽃짤때 사용하는 모양깍지를 사용하여 레이스모양의 데크레이션을 해주고 연꽃으로 마무리한다.

톱칼로 초콜릿을 깍아 뿌려주고 옆면은 레이스무늬로 데코레이션 해준다. 머랭장미꽃으로 마무리 장식한다.

머랭장식물과 스폰지를 롤케이크처럼 말아서 만든 케이크로 크리스마스날에 사용한다.

짤주머니를 가늘게 만들어서 크림을 길게 짜준다.

초콜릿케이크에 장미꽃 모양 깍지로 360도 레이스를 짜주고 데코레이션 마무리 한다.

Happy Birthday

MERRY CHRISTMAS

Let's Enjoy
Flower
Life

Congratulations

HAPPY
BIRTHDAY

Come
The Autumn

HAPPY
WEDDING

2009 SIBA

6 머랭꽃 및 동물짜기

1. 머랭꽃 및 동물짜기 등을 이용한 케이크 기법

1) 장식용 머랭

INGREDIENTS	RATE
계란흰자	100%
설 탕	170
분 당	24

제조공정

① 믹싱볼에 계란흰자와 설탕을 혼합하여 50℃~ 55℃ 정도로 중탕한다.

② 1번을 공기포집하여 머랭을 만든다.

③ 분당을 가볍게 혼합하여 마무리한다.

참 고

① 머랭을 이용하여 새나 동물 등을 데코레이션 할 때 가장 중요한 것은 균형 있는 비율과 선이다.

② 실제의 새나 동물 같이 움직이는 동작의 생동감 있는 것이 중요하므로 숙련되기 위해선 볼팬 등으로 연습한 후 실전에 임하면 도움이 된다.

③ 마지막으로 중요한 색상은 실제의 색체에 가깝게 아니면 이미지에 맞는 색채를 만드는 것이 중요하다.

예) 주황색을 빨,주,노,초,파,남,보 7가지 무지개색에서 좌,우에 빨간색과 노란색이 있으므로 2가지 색을 적당량 혼합하면 만들 수 있다.

데이지꽃

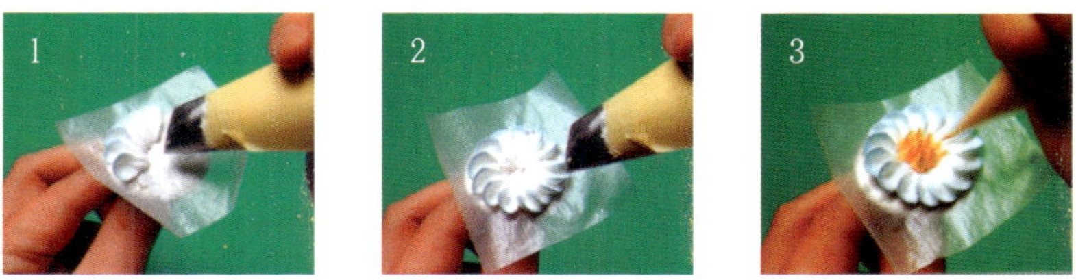

1. 장미꽃 짤대 사용하는 못 위에 네모난 유산지를 깔고 꽃잎을 짜준다.
2. 장미꽃 모양깍지를 사용하여 사진과 같이 짜준다. 꽃을 짤때 못을 잡은 왼손도 오른손과 같이 돌려준다.
3. 중앙에 꽃심을 짜준다.

※ 데이지꽃과 꽃잎을 머랭으로 만들어 건조시킨 후 케이크에 장식한다.

다알리아 꽃

1. 장미꽃 짤대 사용하는 못 위에 네모난 유산지를 깔고 꽃잎을 짜준다.
2. 다알리아잎을 짤 때 못을 잡은 왼손도 오른손과 같이 돌려준다.
3. 중앙에 꽃심을 짜준다.

※ 초콜릿으로 코팅한 케이크 위에 선긋기를 해준 후 다알리아 꽃 다발을 만들고 구슬 모양의 데코레이션으로 밑부분을 짜준다.

페츄니아 꽃

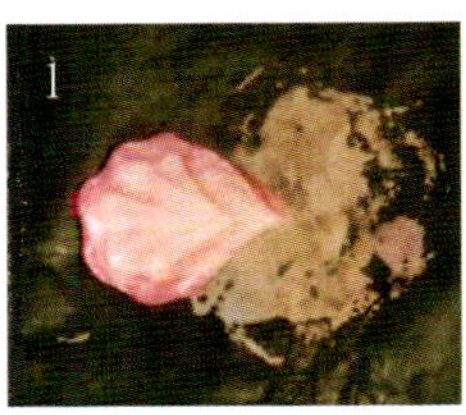

1. 장미꽃 짤대 사용하는 못 위에 네모난 유산지를 깔고 꽃잎을 짜준다.
2. 장미꽃 모양깍지를 사용하여 꽃잎 한 개 짤 때에 5번의 힘조절을하여 꽃잎 5개를 짜준다.
3. 꽃심을 짜준 후 원형의 오목한 곳에서 건조시킨다.

※ 초콜릿으로 코팅한 케이크 위에 넝쿨을 그려주고 페츄니아 꽃으로 마무리한다. 새끼줄 모양의 데코레이션으로 밑을 짜준다.

카네이션 꽃

1. 장미꽃 짤대 사용하는 못 위에 네모난 유산지를 깔고 꽃잎을 짜준다.
2. 장미꽃 모양깍지를 사용하여 꽃잎 한 개 짤 때에 5번의 힘조절을하여 꽃잎 5개를 짜준다.
3. 꽃심을 짜준 후 원형의 오목한 곳에서 건조시킨다.

※ 초콜릿으로 코팅한 케이크 위에 선긋기를 해주고 카네이션 꽃과 줄기를 만들고 구슬모양의 데코레이션으로 밑부분을 짜준다.

펜지 꽃

1. 장미꽃 모양깍지로 장미꽃 짤때 사용하는 받침대에 사각 유산지를 깔고 왼손과 오른속은 잘 돌려 9개의 꽃잎을 짜준다.
2. 가운데에 꽃심을 짜주고 마무리한다.

1. 아이싱한 케이크위에 펜지꽃과 줄기를 데크레이션하고 마무리한다.
2. 꽃잎모양을 짜줄때에는 장미잎 무늬를 짤때 사용하는 모양을 사용한다.
3. 쵸코렛을 얇게 깍아주고 마무리한다.

넝쿨장미 꽃

1. 등꽃과 비슷하지만 터질것같은 느낌이 들게 볼륨있게 짜준다.

1. 아이싱한 케이크위에 장미넝쿨을 짜주고 꽃잎과 꽃으로 데코레이션을 한다.
2. 노란색 리본을 사진과 같이 짜준후 밑면을 데코레이션 한다.

등꽃 I

1. 등꽃나무 줄기를 짜준다.
2. 1 에 가는 줄기를 짜준다.
3. 장미꽃 모양깍지로 등꽃을 짜준다.
4. 줄기에 잎을 짜주어 마무리 한다.

※ 아이싱한 케이크위에 등꽃줄기를 그려준후 등꽃과 꽃잎을 짜준다.

장미꽃

1. 장미기둥은 균현을 잡아준다.
2. 중심 1번 돌려준다.
3. 3분을 균형 맞추어 돌려준다.
4. 5번, 7번 순으로 바깥잎을 짜고 마무리한다.

연 꽃

1. 연꽃모양 깍지로 연꽃잎을 짜준다.
2. 연꽃잎이 세겹이 되도록1의 안쪽으로 짜준다.
3. 연꽃 중앙에 꽃심을 짜준다.

국 화

1. 별모양 깍지로 사진과 같이 짜준다.
2. 원형모양 깍지로 줄기를 짜준다.

정미 & 포도

1. 포도를 짤때는 포도송이 끝 부분부터 짜준다.
2. 1개 + 2개 + 2개 + 4개 + 4개 + 2개 순으로 짜주면 사진과 같은 포도송이를 만들수 있다.

산타 & 나무 & 버섯

산타

1. 원형모양깍지로 모자를 짜준다.
2. 지름 2mm원형깍지로 얼굴선을 그려준다.
3. 원형모양깍지로 얼굴을 그려주고 수염을 그린다.
4. 콧수염 및 눈, 코 그리고 방울을 그려 마무리한다.

나무(츄리)

1. 별모양 깍지로 나무줄기를 짜준다.
2. 별모양 깍지로 나뭇가지를 아래부터 짜준다.
3. 꼭대기에 별을 짜주고 마무리한다.

버섯

1. 지름1cm원형깍지로 버섯 머리부분을 짜주고 여러 가지 색깔로 무늬를 내준 후 굳힌다.
2. 지름1cm원형깍지로 몸통을 짜준 후 굳힌 머리부분을 몸통에 올려놓고 다시 굳힌다.

하우스 & 울타리

하우스

1. 무스케이크의 죠꽁드 배합으로 줄무늬를 내준후 굽는다.
2. 적당한 크기로 재단해 머랭으로 붙여 집을 만든다.

울타리

1. 일반 슈배합 반죽으로 지름 2mm 원형깍지를 사용하여 울타리 모양으로 짜준다.

봉학 & 학

봉황

1. 원형 모양 깍지로 몸통을 짜준다.
2. 별모양 깍지로 꼬리와 날개를 짜준다.
3. 부리 + 눈 + 머리등을 짠후 마무리한다.

학

1. 원형모양 깍지로 몸통을 짜준다.
2. 날개를 짜준다.
3. 부리 + 다리 + 머리 + 눈 등을 짜준 후 마무리한다.

학

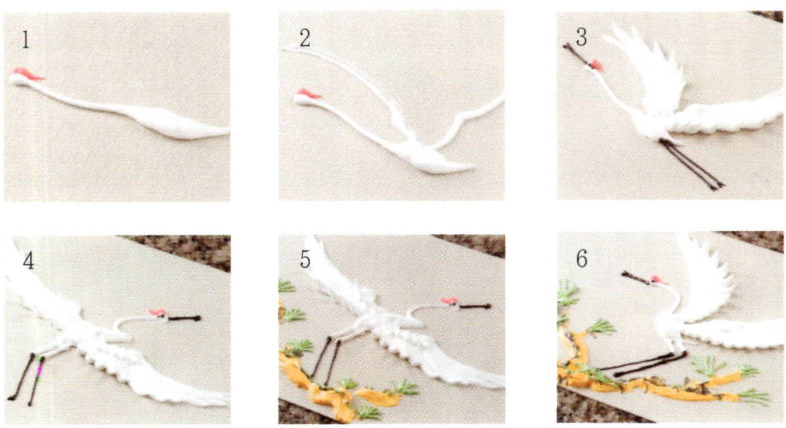

1. 3mm 둥든모양깍지 이용하여 몸통을 짜준다.
2. 날개와 다리를 짜고 머리, 부리 등을 짜서 완성한다.
3. 갈색으로 소나무를 짜고 녹색으로 솔잎을 짜서 마무리한다.

꽃사슴

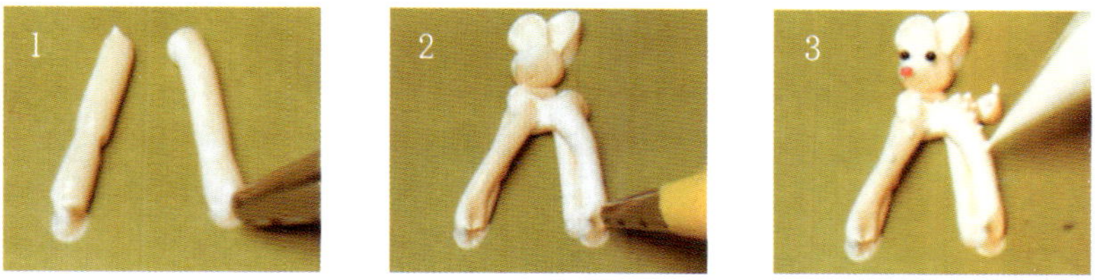

1. 지름 6mm원형 깍지로 다리사이의 간격을 멀리하지 말고 가깝게 짜준다.
2. 목, 몸통, 다리를 짜준다.
   장미꽃 모양깍지로 귀를 짜준다. 원형모양 깍지로 머리를 짜준다.
3. 눈, 코, 꼬리 꽃무늬 등으로 마무리한다.

토끼 I

1. 지름 1cm 원형깍지로 몸통을 짠다. 이때 몸통의 각도에 유의한다.
2. 장미꽃 모양깍지로 귀를 짜준다.
3. 몸통보다 조금 크게 머리를 짜준다.
4. 수염, 눈, 코를 짜준다.
5. 다리를 짜준다.

토끼 II

1. 장미깍지를 사용하여 귀를 짠다.
2. 몸통과 머리를 짜고 팔, 다리, 수염, 코, 눈, 당근을 짜고 마무리한다.

오리

1. 지름 1cm 원형깍지를 사용하여 몸을 짜준다.
2. 지름 1cm 원형깍지로 머리를 짜준다.
3. 꽃잎모양의 종이 짤주머니를 만들어 입을 짜준다.
4. 다른 부분은 순서에 상관 없다.
5. 꽃잎모양의 종이 짤주머니를 만들어 날개를 짜준다.

비둘기

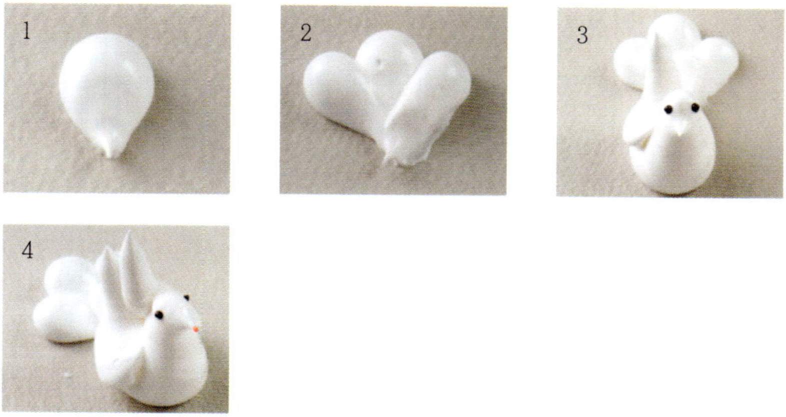

1. 꼬리를 짠다.
2. 몸통을 짜 올리고, 날개를 짠다.
3. 눈, 부리를 짜고 마무리한다.

코끼리

1. 8mm 둥근모양깍지로 몸통과 4mm 둥근깍지로 팔과 다리를 짠다.
2. 그 위에 머리를 짜고, 둥근모양깍지를 이용하여 코를 짠다.
3. 다음으로 귀, 모자, 눈을 짜서 마무리한다.

학

1. 8mm 둥근모양깍지를 이용하여 몸통, 머리를 짠다.
2. 날개, 부리, 모자, 단추, 눈을 짜서 마무리한다.

강아지

1. 먼저 다리를 짠다.
2. 몸통과 머리를 짜고, 귀, 코, 눈, 꼬리 등을 짜서 마무리한다.

천사

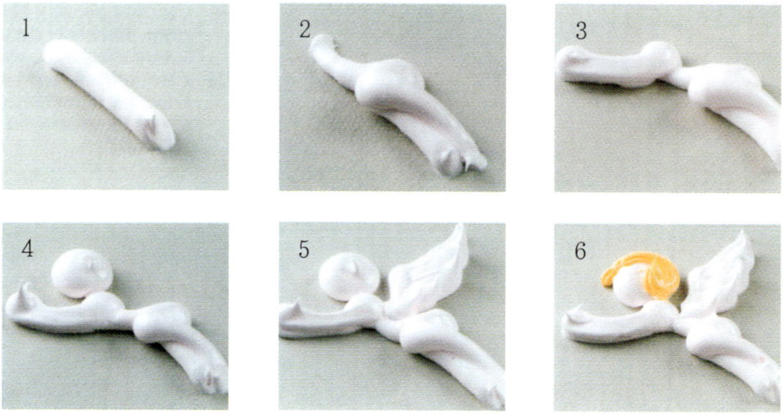

1. 안쪽 다리를 먼저 1개 짠다.
2. 몸통과 연결된 다리를 짜고 머리를 짠다.
3. 팔, 날개, 머리카락 등을 짜고 마무리한다.

백조

1. 원형 모양깍지로 몸통을 짜준다.
2. 별모양 깍지로 날개를 짜준다.
3. 부리 + 눈을 짜준다.

다람쥐

1. 꼬리를 둥글게 감아짠다.
2. 몸통과 머리, 다리, 팔, 코, 눈을 짜고 마무리한다.

등꽃 II

1. 3mm 원형깍지를 이용하여 줄기를 짠다.
2. 장미깍지를 이용하여 등꽃을 짠다.
3. 녹색을 사용하여 줄기 및 잎을 짜고 마무리한다.

Techniques & Dessert

7 생크림 케이크(cake)

1. 생크림 및 유가공 크림의 종류

휘핑크림(Whipping cream)

① 유크림(생크림)(Dairy cream) : 천연 유지방 만을 사용하기 때문에 특유의 부드러운 풍미를 가지고 있으나 유지방 구조 자체가 약해 거칠어 지기 쉽다.

② 식물성크림(Non-dairy cream) : 옥수수유, 면실유, 대두유, 야자유 등의 식물성 유지를 주원료로 사용하여 만듦

③ 가공유크림 : 동물성 유지방과 식물성 지방을 조합한 컴 파운드 크림

식용크림(Table cream)

유지방 10~30% 정도의 비교적 농도가 낮은 크림으로 주로 커피용으로 쓰인다.

발효크림(Sour Cream)

유지방 18%이상의 크림을 젖산균으로 발효 시킨 후 살균과 균질화 과정을 거친 것으로 발효산성크림 이라고도 한다.

휘핑용 클림의 종류와 구성성분

첨가물 / 종류	유지방	식물성유지	유화제	안정제
유크림	O	X	X	X
첨가물 사용크림	O	X	O	O
가공 유크림	O	O	O	O
식물성 크림	X	O	O	O

우유와 크림의 성분비교

100g당	에너지 Kcal	수분 g	지질 g	단백질 g	당질 g	칼슘 mg	비타민 A 효력 I.U
우유	59	88.7	3.2	4.5	4.5	100	110
커피용 크림	208	73.3	20.0	3.7	3.7	85	680
휘핑용 크림	433	49.5	45.0	3.1	3.1	60	1500

1) 생크림의 제조 공정

- 원심 분리법 : 우유를 원심력에 의해 유지방과 무지유 고형분을 분리
- 정치 분리법 : 우유를 오랫동안 정치하여 비중이 가벼운 유지방구가 표면에 떠오르면 고인 크림층을 거두는 방법.

2) 식물성 크림의 제조 공정

- 식물성 크림은 식물성 유지를 원료로 하는 크림으로 생크림과는 여러 가지 다른점이 있다.
- 가장 큰 차이는 원료인 식물성 유지가 순수한 액체 유의 형태를 띠고 있는 점이다.
- 따라서 생크림처럼 수분과 유분이 고르게 혼합된 상태를 유지할 수 없기 때문에 액체유를 원하는 성질에 맞게 고체지화하는 경화 과정을 거친 후 적당한 굳기로 변한 가공유지에 안정제나 유화제를 첨가한다.
- 이런 가공유지를 탈지유 속으로 분산 시키면 유지는 주변의 유화제 피막으로 둘러싸인 지방구 형태로 변해 생크림의 구조와 비슷해 지는 것이다.

3) 가공유크림의 제조 공정

가공유크림은 유지방과 식물성 유지를 혼합한 것으로, 유지방의 식감과 풍미에 식물성 유지의 사용하기 편리한 점을 가미 시킨 크림이다.

4) 휘핑크림의 휘핑원리와 취급관리

우유보다 약간 걸죽한 휘핑크림을 거품기로 저었을 때 점점 부풀어 오르는 이유는 휘핑크림 속의 유지방이 외부의 충격에 의해 그 구조를 바꾸기 때문이다.

휘핑의 원리

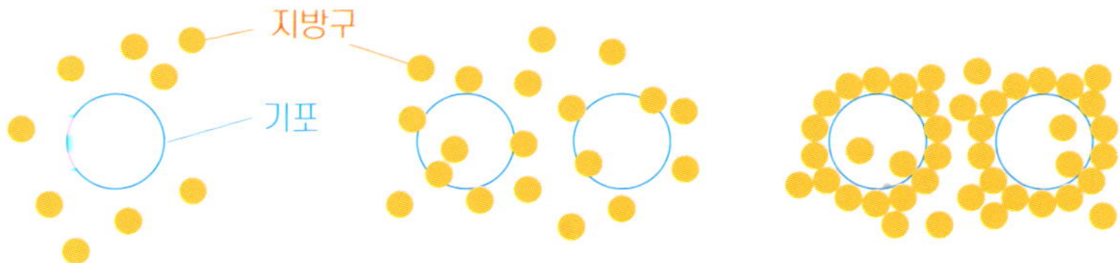

즉, - 큰 기포가 들어가면서 지방구 피막이 파괴되는 과정
- 서서히 기포 주변에 파괴된 지방구가 모이는 과정
- 모이는 양이 많아짐에 따라 연결고리가 사슬모양에서 그물모양으로 바뀌면서 점도가 증가하는 과정
- 구조가 더욱 치밀해져 휘핑크림이 견고해지는 과정 등에 의해 적당한 부풀림을 얻게 되는 것이다.

휘핑 시간에 따른 크림 상태 변화

① 적정휘핑 상태 : 포통의 상태는 떠올렸을 때 부드러운 뿔모양이 생기면서 그 끝이 약간 휘어지는 정도

② 그레이닝(Graining)상태: 매끄러운 조직이 차츰 거칠어지기 시작하는 단계

③ 처닝(Churning)상태: 버터화 지점, 과도한 휘핑으로 수분과 고형분이 분리되면서 유지방이 덩어리지는 단계

좋은 휘핑크림의 조건

① 풍미와 식감이 좋아야 한다 : 입안에 넣엇을 때 사르르 녹는 감촉과 청량감

② 케이크 아이싱 시 매끄러운 표면과 윤기

③ 보형성, 보습성 : 완성 후 흘러내리거나 주저 앉지 않고 지속적인 형태 유지

④ Over Run : 휘핑 시 적절한 부피 증가율

⑤ 데코레이션 후 아름답고 깨끗하며 적당한 굳기를 갖은것

※ 이러한 조건을 갖춘 휘핑크림의 취급과 보관의 가장 중요한 요인은 온도

- 3단계의 지속성 보냉 시스템과 작업시의 온도
- 휘핑온도 4~8℃,
- 겨울철은 10℃도 무방

- 크림의 보관이나 품온 3~7℃
- 작업장 온도 20~23℃
- 쇼케이스 온도 10~13℃

2. 생크림케이크 제조공정

1) 생크림케이크(3호4팬)

제조공정

① 생크림을 24시간 정도 숙성시킨 후 생크림 + 설탕을 공기포집한다.

② 럼주 및 향을 넣어 마무리한다.

INGREDIENTS	W/MEASURES
생크림	1200g
설 탕	5~7
럼 주	적당량
파인애플슬라이스	2캔
오렌지 만다린	1캔(425g)
황 도	1캔(425g)
딸 기	300g
키 위	4개
시 럽	500g

참 고

생크림케이크에서 중요한 것은 과일의 데코레이션 기법이다. 과일의 크기, 두께, 색채 등의 조건이 맞아야 하고 특징을 강조하기 위해 체리 등을 정가운데에 놓는 것은 케이크를 작게 보이게 하는 시각적 역효과가 있으므로 주의해야 합니다.

유의점

① 생크림의 맛을 내는데 가장 큰 비중을 차지하는 것은 양주이므로 제품에 맞는 양주를 선택하는 것이 중요하다.

예를들어, 당밀을 증류한 럼주를 가장많이 사용하고 이외에도 오렌지술인 그랑마니에나 코엥도르, 체리술인 키르쉬 등 기호에 맞게 사용하면 된다.

② 샌드할 때의 시럽의 맛도 중요하다. 시럽을 칠할 때 균형있게 골고루 칠하며 충전하는 과일상태는 갈아서 넣는 방법도 좋다.

③ 아이싱 및 데코레애션 방법은 $\frac{1}{2}$~1사이즈가 더 커보이도록 데코레애션 한다.

④ 과일장식 할 때 중요한 점을 특징을 중앙에 두지말고 여러 곳에 둔다. 특히 중앙에 체리 등을 놓으면 시선이 원점으로 몰려 케이크가 작아 보이므로 주의 한다.

⑤ 과일을 충분히 사용하여 수채화 같은 느낌이 아닌 유화 같은 느낌을 준다.

3. 시럽 [SYRUP]

1) 시럽

제조방법

INGREDIENTS	W/MEASURES
물	3000g
설 탕	900g
레 몬	2개
계피스틱	150g

① 전 재료를 섞어서 100℃ 이상 끓여준다.

② 시럽이 너무 진하면 결정이 색출되거나 끈기가 생길 수 있다.

③ 시럽을 투명하게 만들려면 설탕량의 2배 이상의 물을 넣고 약한 불에서 농축시킨다.

④ 거품낸 흰자를 더해 함께 끓이면 불순물을 제거 할 수 있다.

⑤ 당액의 농도는 보메(Baume') 단위로 나타내며 수치가 높을수록 농도가 진하다.

⑥ 17Be' 시럽은 한국 양과자는 시럽으로 많이 사용되나 당도가 약해 빨리 상한다.

⑦ 30Be' 시럽은 일본이나 유럽양과자 용으로 사용되는데 쉽게 상하지는 않지만 당도가 높다.

⑧ 기호에 따라 레몬, 계피, 커피등을 첨가하여 끓이면 다양한 맛과 향의 시럽을 만들수 있으며, 또한시럽에 10%의 럼주나 오렌지과의 향을 살린 쿠앵트로(coiamtreau)와 그랑마니아(Grand marnier) 등을 첨가하면 보존성과 향이 좋아진다.

설탕물을 끓였을 때의 보메도

설탕(g)	물(cc)	보메도(Be')
1000	200	17
1000	1500	20
1000	1250	22
1000	1000	25
1000	750	30
1000	500	32

4. 생크림 케이크 데코레이션 기법

빗살무늬 생크림

1

2

3

1. 케이크에 생크림을 아이싱하여 무스띠 등을 이용하여 돔 모양을 만든다.
2. 무스띠를 이용하여 빗살무늬를 모양낸다.
3. 각종 과일과 초콜릿, 사인판으로 장식한다.

쉬폰 생크림

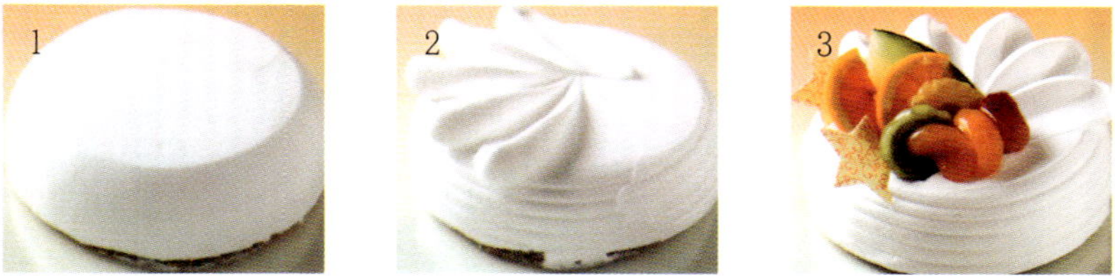

1. 케이크에 생크림을 아이싱하여 무스띠 등을 이용하여 돔 모양을 만든다.
2. 옆면은 삼각칼로 모양을 내고 윗면에는 스파튜라를 이용하여 모양을 내준다.
3. 각종 과일과 별모양 초콜릿, 사인판으로 장식한다.

코코아 생크림

1. 케이크에 생크림을 아이싱하여 무스띠 등을 이용하여 돔 모양을 만든다.
2. 삼각칼 무스띠를 이용하여 모양을 낸다.
3. 코코아를 옆면에 뿌린 후 쉬폰모양깍지로 생크림을 짜준다.
4. 각종 과일과 초콜릿, 사인판으로 장식한다.

딸기레즌 생크림

1. 케이크에 생크림을 아이싱하여 무스띠 등을 이용하여 돔 모양을 만든다.
2. 옆면에 딸기레즌 + 미로와을 짜준 후 도구를 이용하여 모양을 낸 후 윗면에는 생크림을 삼각칼로 모양을 낸 후 수저를 이용하여 모양낸다.
3. 각종 과일과 초콜릿, 사인판으로 장식한다.

물방울 생크림

1. 케이크에 생크림을 아이싱하여 무스띠 등을 이용하여 돔 모양을 만든다.
2. 무스띠를 이용하여 밑에서 위로 긁어 모양을 낸다.
3. 쉬폰 모양깍지로 생크림을 짠 후 각종 과일과 초콜릿, 싸인판으로 장신한다.
4. 미로와를 짜준다.

녹차 생크림

1. 케이크에 생크림을 아이싱하여 무스띠 등을 이용하여 돔 모양을 만든다.
2. 옆면을 녹차 레이즌을 짜준 후 무스띠를 이용하여 밑에서 위로 모양을 낸다.
3. 생크림을 얇게 격자로 짜준다.
4. 각종 과일과 초콜릿, 사인판으로 장식한다.

가나슈 생크림

1. 케이크에 생크림을 아이싱하여 무스띠 등을 이용하여 돔 모양을 만든다.
2. 초코시럽을 옆면에 짜준 후 무스띠를 이용하여 밑에서 위로 모양을 낸다.
3. 각종 과일과 초콜릿, 사인판으로 장식한다.

녹차레즌 생크림

1. 케이크에 생크림을 아이싱하여 무스띠 등을 이용하여 돔 모양을 만든다.
2. 녹차레즌을 전체 씌워 준 후 스파튤라로 생크림을 떠서 놓는다.
3. 각종 과일과 초콜릿, 사인판으로 장식한다.

바나나레즌 생크림

1. 케이크에 생크림을 아이싱하여 무스띠 등을 이용하여 돔 모양을 만든다.
2. 원형으로 생크림을 짜준 후 오렌지레즌을 전체 씌워준다.
3. 각종 과일과 초콜릿, 사인판으로 장식한다.

가나슈 빗살 생크림

1. 케이크에 생크림을 아이싱하여 무스띠 등을 이용하여 돔 모양을 만든다.
2. 초코시럽을 옆면에 돌려 짜준 후 도구를 이용하여 밑에서 위로 사선으로 긁어 모양을 낸다. 원형모양깍지로 윗면에 원모양으로 짜준다.
3. 각종 과일과 초콜릿, 사인판으로 장식한다.

항아리 생크림

1. 케이크에 생크림을 아이싱하여 무스띠 등을 이용하여 돔 모양을 만든다.
2. 밑면에는 초코시럽을 짜준 후 무스띠를 이용하여 쳐주면서 모양을 낸다.
3. 옆면 위에는 원형을 짜준 후 스파튜라로 모양을 내준다.
4. 각종 과일과 초콜릿, 사인판으로 장식한다.

딸기레즌 생크림

1. 케이크에 생크림을 아이싱하여 무스띠 등을 이용하여 돔 모양을 만든다.
2. 딸기레즌을 전체 씌워준다.
3. 쉬폰모양깍지로 윗면에 모양을 짜준다.
3. 각종 과일과 초콜릿, 사인판으로 장식한다.

과일 생크림

1. 케이크에 생크림을 아이싱하여 무스띠 등을 이용하여 돔 모양을 만든다.
2. 옆면에는 별모양깍지로 모양을 내고 윗면은 원형모양깍지로 모양을 낸다.
3. 각종 과일과 초콜릿, 사인판으로 장식한다.

눈물 생크림

1. 케이크에 생크림을 아이싱하여 무스띠 등을 이용하여 돔 모양을 만든다.
2. 옆에는 가나슈(생크림1:초콜릿1)를 위에서 흐르듯 짜둔다.
3. 윗면에는 쉬폰모양깍지로 모양을 짜준다.
3. 각종 과일과 초콜릿, 사인판으로 장식한다.

생크림 꽃 케이크

1. 휘핑크림으로 아이싱한 후 스파츌라로 찍으면서 옆면에 무늬를 만든다.
2. 장미잎 깍지로 3~4색 장미를 짜서 장식한다.
3. 장미 잎사귀를 짜고 완성한다.

1. 휘핑크림에 파란색으로 색을 만들어 아이싱한다.
2. 장미잎 깍지로 피어있는 흰색 장미를 짠다.
3. 지름 0.2cm 원깍지로 옆면에 물방울을 짠다.
4. 노란 연두색으로 장미잎사귀를 짜고 완성한다.

생크림 생화 케이크

1. 휘핑크림으로 아이싱 한다.
2. 지름 0.2cm 원깍지로 데코레이션 한다.
3. 미니 장미를 장식한다.

1. 생크림을 사용해 돔 형태로 아이싱 한다.
2. 장미를 하트 형태로 장식한다.
3. 중앙에 크림으로 봉황새 두 마리를 짠다.

1. 휘핑크림에 노란색과 연두색으로 색을 만들어 아이싱 한다.
2. 옆면을 스파츌라로 찍듯이 무늬를 만든다.
3. 생화(리시안셔스)로 장식한다.

1. 휘핑크림으로 아이싱 한다.
2. 윗면에 스파츌라로 찍듯이 무늬를 만든다.
3. 생화를 중앙에 높게 장식한다.

생크림 실용 케이크

1. 투명띠지를 사용해 생크림을 돔형으로 아이싱 한다.
2. 계절과일로 장식하고 초콜릿을 붙여 완성한다.

1. 투명띠지를 사용해 생크림을 돔형태로 완성한다.
2. 스푼을 사용해 생크림을 알모양으로 떠올린다.
3. 물엿을 150도에서 15분정도 구워 장식한다.

1. 생크림을 아이싱한 후 스파츌라로 옆면에 무늬를 낸다.
2. 원깍지로 안에서 밖으로 데코레이션을 한다.
3. 넛츠를 붙여주고 과일로 장식한다.

1. 생크림으로 아이싱을 한다.
2. 초콜릿으로 붙여주고 과일을 장식한다.

생크림 동물 케이크

1. 생크림으로 아이싱한다.
2. ① 지름 1.5cm ② 0.2~0.3cm 원깍지를 준비한다.
3. 돼지 : ①의 원깍지에 핑크색 크림으로 몸통과 머리를 1:1 비율로 짠 후 눈, 코, 입, 귀, 발을 짠다.
4. 사자 : ②의 원깍지에 오렌지색 크림으로 발을 짜주고 그 위에 ①의 깍지로 몸통과 머리를 1:1 비율로 짠다. 진한 갈색 크림으로 사자갈퀴를 짜고 눈, 코, 입을 완성한다.
5. 호랑이 : ②의 원깍지에 오렌지색 크림으로 발을 짜주고 그 위에 ①의 깍지로 몸통과 머리를 1:1 비율로 짠다. 오렌지색과 흰색으로 눈, 코, 입 표정을 완성한다.
6. 팬더 : ①의 원깍지에 흰색 크림으로 몸통과 머리를 자고 갈색으로 발과 눈, 코, 입을 완성한다.
7. 코끼리 : ①의 원깍지에 핑크색으로 몸통과 머리를 1:1 비율로 짠다. ②의 깍지로 발과 코, 귀, 눈을 짠다.
8. 불독 : ②의 깍지로 갈색 크림으로 발을 짠다. ①의 깍지로 몸통과 머리를 짜고 ②의 깍지로 심술과, 귀, 눈, 코를 짠다.

생크림 머랭꽃 케이크

1. 흰자 100, 설탕 200으로 60℃로 중탕하여 스위스 머랭을 만든다.
2. 장미잎 깍지로 스위스 머랭을 비닐위에 위 그림처럼 잔 후 건조시킨다.
3. 생크림으로 아이싱 한 케이크에 원하는 위치에 입체적으로 붙힌다.

8 조각 케이크

1. 조각케이크의 데코레이션 기법

1) 싸인버터 (선긋기용)

INGREDIENTS	W/MEASURES
다크초콜릿	100%
연 유	300
마가린	50

제조공정

① 다크초콜릿을 용해시킨다.

② 연유를 따뜻하게 하여 1번과 혼합한다.

③ 계절에 따라 되기를 조절하여 사용한다.

④ 마가린을 용해시켜 혼합한다.

잼, 투명광택제 등에 식용색소를 사용하여 짜준다.

노란색짬을 먼저 짜주어 체리를 표현하고 빨간색 짬을 일부분에 짜주어 익어가는 체리를 만들어 준다.

9 마지팬 케이크(cake)

1. 마지팬 케이크 데코레이션 기법

1) 마지팬이란?

마지팬은 퐁당이나 잼처럼 많이 쓰이는 중요한 재료이다. 공예와 최고급 양과자의 완성에 필요한 마지팬은 케이크의 데코레이션이나 동물 과일 등 과자공예를 만드는데 소품으로 쓰인다.

또한 얇게 밀어서 초콜릿 필링 재료나 케이크의 커버링에 쓰인다. 마지팬의 질감이나 되기는 찰흙과 같아서 쉽게 모양을 만들 수 있고 동물이나 인형, 꽃 등 세심한 부분까지 표현할 수 있다.

발렌타인데이와 화이트데이 등 특별한 날에 사랑하는 사람에게 케이크 위에 여러 가지 장식물을 만들어 올려 예쁜 케이크를 만들어서 선물한다.

과일케이크 배합표

	3호팬 4개
설 탕	755g
버 터	755g
계 란	19개
중력분	944g
베이킹파우더	22g
호 두	188g
체 리	251g
건포도	62g
소 금	8g
커버용 마지팬	1000g
분 당	300g

제조방법

① 버터를 부드럽게 풀어서 설탕을 넣고 부드럽게 크림화 시킨다.

② 계란을 나누어 넣으면서 믹싱한다.

③ 건과류는 럼에 재워서 하루 지난 것을 밀가루를 뿌려 버무려 둔다.

④ 가루재료를 채에 내려서 넣고 골고루 섞은 후 견과류를 혼합한다.

⑤ 3호팬에 우산지를 깔고 70% 팬닝한다.

⑥ 굽기 : 오븐온도 윗불190℃ 밑불180℃ 오븐에서 30분간 굽는다.

2) 커버링 [Covering]

재료 및 도구

프루츠케이크, 마지팬공에반죽, 잼, 럼, 커터, 덧가루용 분당

커버링하는법

① 마지팬은 덧가루용 분당을 섞어서 된반죽으로 치대준다.

② 하루 냉각시킨 프루츠케이크의 윗면을 돔형으로 잘라낸다.

③ 2에 스프레이나 붓을 사용해서 럼을 발라준다.

④ 1mm로 밀어 편 마지팬을 3 위에 올려 잘 접착시킨다.

⑤ 케이크를 씌우고 남은 마지팬은 커터로 잘라낸다.

⑥ 1.5mm로 밀어 편 마지팬을 5 위에 올려서 손으로 잘 덮어 씌운다.

⑦ 커터로 나머지반죽을 잘라내어 잘 정리한다.

2. 마지팬 장미 만들기

장미꽃 만들기 I

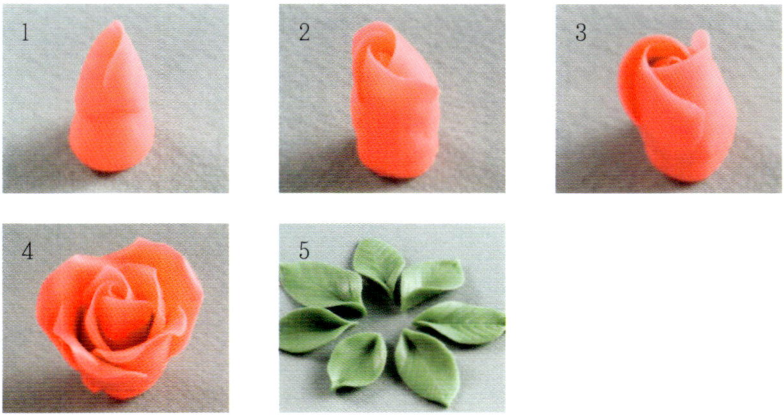

1. 분당을 넣어 잘 치대진 마지팬 반죽에 원하는 색소를 넣어 반죽을 만든다.
2. 원뿔 모양으로 꽃심을 만든 후 꽃잎으로 감싸준다. 이때 꽃잎의 아랫면은 도톰하게 하고 윗면은 비칠정도로 얇게 밀어주는 것이 좋다.
3. 3개의 꽃잎을 만들어 윗면이 삼각형이 되도록 모양을 맞추어 붙인다. 잎을 붙이기전 모양은 가운데 부분이 약간 오목한 형태가 좋다.
4. 각각의 꽃잎의 가장자리 부분을 가볍게 휘도록해 꽃이 핀 모양을 만든다.
5. 5개의 꽃잎을 만들어 붙인다. 이때 새로 붙여나가는 꽃잎의 가운데 부분이 앞서 붙인 꽃잎의 끝부분에 닿도록하는 것이 좋다.
6. 나뭇잎 모양의 색소를 입힌 마지팬 반죽을 이부 떼어내 원뿔 모양으로 만든 후 모양대로 펴 주고 가장자리 부분은 매끄럽게 만든다. 마지팬 스틱을 이용해 잎맥을 그려준다. 이때 가장자리 부분은 얇게 밀어주고 가운데 부분과 아랫부분은 약간 도톰하게 만들어 준다.

장미꽃 만들기 II

1. 분당을 넣어 잘 치대진 마지팬 반죽에 원하는 색소를 넣어 반죽을 만든다.
2. 원뿔 모양으로 꽃심을 만든 후 꽃잎으로 감싸준다. 이때 꽃잎의 아랫면은 도톰하게 하고 윗면은 비칠정도로 얇게 밀어주는 것이 좋다.
3. 꽃잎을 만들어 봉오리 모양으로 되도록 차례차례 붙여나간다. 꽃잎의 수는 원하는 크기에 따라 적절히 만들어 붙인다. 활짝 핀 꽃을 만들고 싶을 때는 봉오리 색보다 점점 더 옅은 색을 사용해 꽃잎을 만들어 주면 자연스러운 꽃이 될 수 있다.
4. 일정한 모양이 되면 나뭇잎으로 꽃봉오리를 잘 감싸준다. 활짝 핀 꽃의 경우에는 감싸주는 나뭇잎은 생략한다.
5. 나뭇잎 색상의 반죽에 붉은 반죽을 소량 섞어 자연스러운 색상을 만든 후 나뭇잎을 만들어 준다. 잎맥을 그린 후 가장자리 부분을 마지팬 스틱으로 가볍게 밀어 자연스러움을 연출한다.

3. 마지팬 동물 만들기

악어

1

2

3

1. 녹색 마지팬 반죽을 원형으로 만든 다음 악어 몸통을 만든다.
2. 녹색 반죽 원형을 만든 후 다시 발과 손 모양을 만든다.
3. 녹색 반죽 원형을 만든 후 다시 마지팬 도구를 이용하여 코와 눈 모양을 만든다.
4. 각 부위를 붙여 악어를 만든다.

고양이

1

2

3

1. 오렌지색 반죽으로 원형을 만든다.
2. 1)을 고양이의 얼굴 모양으로 마지팬 도구로 만든 후 귀를 밭여 준다.
3. 몸통 모양과 꼬리 모양을 만든다.
4. 각 부위를 붙여 고양이를 만든다.

부엉이

1

2

3

1. 녹색 반죽으로 원형을 만든 후 몸통 모양을 만든다. 조그마한 원형 반죽으로 날개를 만든다.
2. 녹색 반죽으로 눈썹을 만든 후 노란 반죽으로 부리를 만든다. 갈색 반죽으로 발 모양을 만든다.
3. 흰색 반죽을 원기둥 모양으로 만든다. 갈색 반죽을 얇게 밀어 편 후 마지팬 도구로 나므결 모양을 만든다. 녹색 반죽을 고운 체에 내려 머리카락을 만든다.
4. 각 부위를 붙여 부엉이를 만든다.

개구리

1

2

3

1. 녹색 반죽으로 원형을 만든 후 마지팬 도구를 이용하여 입과 코 모양을 만든다.
2. 마지팬 도구로 흰 반죽과 검은 반죽으로 눈을 만든다.
3. 녹색 반죽으로 길게 손을 이용하여 모양을 만든 후 구부려서 다리 모양을 만든다.
4. 각 부위를 붙여 개구리를 만든다.

토끼 I

반죽 : 흰색, 주홍색, 주황색, 검정색, 연두색

1. 흰색으로 몸통, 머리, 팔, 다리, 꼬리를 만든다.
2. 토끼머리는 손바닥 사이에 반죽을 넣고 통통한 원뿔 모양을 만든 후 윗 부분을 반으로 잘라 귀를 만든다.
3. 두 귀는 가운데 부분에 마지팬스틱으로 길게 홈을 판 후 주홍색 반죽을 기둥모양으로 만들어 붙인다.
4. 주황색으로 원뿔모양을 만들어 당근을 만들고 연두색으로 당근잎을 만든다.

토끼 II

반죽 : 분홍색, 흰색, 빨간색, 검정색

1. 분홍색과 흰색을 이용해 몸통과 머리를 만든다.
2. 흰색으로 팔과 발을 만들어 붙인다.
3. 눈, 코, 수염을 만들어 붙인다.

토끼 III

반죽 : 황금색, 갈색, 주황색, 검정색, 흰색, 빨간색

1. 황금색으로 몸통, 머리, 다리를 만든다. 몸통은 두툼한 원뿔형으로 만든 후 1/3지점을 손가락으로 문질어 앞다리 부분과 엉덩이 부분으로 나누어준다. 마지팬스틱으로 앞다리를 자른후 자른면이 아래쪽으로 향하도록 틀어준다. 뒷다리는 타원형으로 반죽을 만들어 납작하게 눌러 붙인다.
2. 눈, 코, 수염을 만들어 붙이고 머리에 갈색으로 띠를 둘러준다.
3. 주황색으로 원뿔모양을 만들어 당근을 만들고 연두색으로 당근 잎을 만든다.

바니

반죽 : 연하늘색, 흰색 빨간색, 검정색

1. 흰색과 하늘색으로 몸통과 팔 다리를 만들고 마지팬 스틱으로 발가락 모양을 만든다.
2. 흰색과 하늘색으로 머리, 귀, 입을 만들고 얼굴 표정을 만든다.
3. 눈, 코, 이빨을 만들어 붙인다.

호랑이 I

반죽 : 연황금색, 흰색, 검정색, 노란색, 빨간색

1. 연활금색과 흰색으로 몸통과 머리를 만든다.
2. 머리에 눈, 코, 수염을 이용해 표정을 만들어 붙인다.
3. 노란색을 이용해 팔과 다리 모양을 만들어 붙인다.
4. 검정색 반죽을 길게 밀어 호랑이 무늬를 만들어 붙인다.

호랑이 II

반죽 : 진노랑색, 흰색, 검정색, 빨간색, 갈색

1. 진노랑색으로 몸통과 머리를 만든다.
2. 진노랑색으로 팔, 다리, 귀를 만들어 붙인다. 귀는 둥글게 원형으로 만든 후 봉형 마지팬 스틱을 가운데 놓고 원을 그리듯 둥글려 준다.
3. 머리에 눈, 코, 수염, 입을 만들어 붙인다.
4. 갈색 반죽을 가늘고 길게 밀어 머리, 등, 꼬리에 호랑이 무늬를 만들어 붙인다.

사자 I

반죽 : 진한 황토색, 갈색, 흰색, 검정색

1. 진한 황토색으로 몸통, 다리를 만든다. 몸통은 두툼한 원뿔형으로 만든 후 1/3지점을 손가락으로 문질어 앞다리 부분과 엉덩이 부분으로 나누어 준다. 마지팬 스틱으로 앞다리를 자른 후 자른면이 아래쪽으로 향하도록 틀어준다. 뒷다리는 타원형으로 반죽을 만들어 납작하게 눌러 붙인다.
2. 머리는 모양대로 윤각을 잡아 표정을 살리고 눈, 코를 만들어 붙이고 마지팬 스틱으로 수염을 표현해준다.
3. 갈색으로 사자 갈퀴를 만들어 붙인다.

사자 II

반죽 : 연황금색, 붉은 갈색, 오렌지색, 검정색, 빨간색

1. 연황금색으로 몸통과 머리를 만든다. 손가락과 발가락을 만들어 붙인다.
2. 붉은 갈색으로 사자 갈퀴를 만들어 붙인다.
3. 눈, 코, 수염을 만들어 마무리 한다.

강아지 I

반죽 : 황토색, 갈색, 빨간색, 검정색, 파란색, 노란색

1. 황토색으로 몸통, 머리, 다리를 만든다. 몸통은 두툼한 원뿔형으로 만든 후 1/3지점을 손가락으로 문질어 앞다리 부분과 엉덩이 부분으로 나누어 준다. 마지팬 스틱으로 앞다리를 자른 후 자른면이 아래쪽으로 향하도록 틀어준다. 뒷다리는 마지팬스틱을 이용해 표시해 준다.

2. 눈, 코를 만들어 붙이고 귀는 황토색과 갈색을 각각 원뿔형으로 만들어 붙인후 눌러준다.
3. 갈색으로 점박이 무늬를 불규칙적으로 만들어 원하는 위치에 붙인다.

강아지 II

반죽 : 황토색, 갈색, 빨간색, 검정색, 파란색, 노란색

1. 황토색으로 몸통, 머리, 판, 다리를 만든다.
2. 눈, 코, 귀를 만들어 붙인다.
3. 갈색으로 점박이 무늬를 불규칙적으로 만들어 원하는 위치에 붙인다.

강아지 III

반죽 : 진노랑색, 검정색, 살색

1. 진노랑색으로 머리, 몸통, 다리를 만든다. 앞다리는 몸통과 같이 만드는데 뾰족한 원뿔형으로 만들어 1/3지점에서 손가락으로 가늘게 늘어뜨린다. 마지팬 스틱으로 가운데를 잘라 둥글게 만들어 준다.
2. 눈, 코, 귀를 만들어 붙인다.
3. 검정색으로 점박이 무늬를 불규칙적으로 만들어 원하는 위치에 붙인다.

다람쥐

반죽 : 갈색, 고동색, 흰색, 연두색

1. 갈색과 흰색반죽을 이용해 머리를 만들고 뒷부분에는 고동색으로 가늘게 무늬를 만들어 붙인다.
2. 갈색으로 몸통을 만들고 팔, 다리, 귀를 붙인다. 팔은 앞부분에 흰색을 이용해 손 모양으로 만들어 준다.
3. 갈색으로 원뿔모양을 만든 후 납작하게 눌러 꼬리를 만든 후 고동색 반죽을 길게 밀어 펴 다람쥐 무늬를 만들어 붙인다.

팬더

반죽 : 흰색, 검정색, 빨간색

1. 흰색으로 몸통과 머리를 만든다.
2. 검정색으로 손, 발, 귀를 만들어 붙인다.
3. 눈을 만들어 표정을 만들고 코와 입을 붙인다.

곰

반죽 : 옅은 갈색, 흰색, 검정색, 노란색

1. 옅은 갈색으로 몸통, 머리를 만든다.
2. 뒷다리는 타원형으로 만든 반죽의 윗부분은 도톰하게 아랫 부분은 조금 얇게 만든 후 몸통에 붙이고 아랫 부분에는 발 바닥을 붙인 후 흰색으로 모양을 만들어 붙여준다.
3. 눈과 코를 붙이고 입을 마지팬 스틱으로 만들고 마지팬 스틱으로 수염 모양을 만든다.

오리

반죽 : 진노랑, 흰색, 오렌지색, 흰색, 검정색

1. 진노랑색으로 몸통, 머리를 1:1 비율로 만든다.
2. 진노랑색 반죽을 원뿔형으로 만들어 납작하게 만든 후 마지팬 스틱으로 날개 모양을 만들어 붙이고 오렌지색으로 부리와 발을 만들어 붙인다.
3. 눈으로 얼굴 표정을 만들고 머리숱을 붙여준다.

캥거루

반죽 : 붉은 황토색, 흰색, 검정색

1. 붉은 황토색으로 몸통, 머리, 꼬리를 만든다.
2. 아기 캥거루 머리, 귀, 코, 눈을 만들고 주머니를 만들어 걸쳐 끼워 넣는다.
3. 눈, 코, 귀를 만들어 붙인다.

돼지

반죽 : 연분홍색, 진분홍색, 흰색, 검정색

1. 연분홍색으로 몸통과 머리를 만든다.
2. 진분홍색으로 귀, 코, 발을 만들어 붙인다.
3. 눈을 모아 붙이고 얼굴 표정을 만든다.

닭

반죽 : 흰색, 빨간색, 검정색

1. 흰색으로 원뿔 모양의 몸통을 만든 후 뾰족한 부분을 살짝 구부려 부리를 만든다.
2. 흰색 반죽을 가늘고 길게 밀어 붙여서 날개와 꼬리를 만든다. 이때 각각의 크기를 달리해 볼륨감과 입체감을 살린다.
3. 검정색으로 물갈퀴 모양의 발을 만들어 붙인다.
4. 빨간색으로 닭 벼슬을 만들어 붙인다.

악어

반죽 : 연노랑색, 흰색, 검정색

1. 연노랑색 반죽을 긴 원통형으로 앞쪽은 조금 두툼하게 뒤쪽은 얇고 뾰족하게 밀어준다.
2. 두툼한 앞쪽 머리 부분을 잘라 입을 만들고, 뒷부분을 살짝 눌러 눈을 만들어 붙인다.
3. 가늘고 긴 반죽을 만들어 악어 등 무늬를 만들어 붙인다.
4. 타원형으로 반죽을 밀어 악어 발을 만든 후 모양을 만들어 준다.

말

반죽 : 연황금색, 붉은 갈색, 흰색, 검정색

1. 연황금색으로 몸통과 머리를 만든다. 몸통은 타원형으로 만든 후 가운데 부분을 살짝 눌러주고 마지팬 스틱으로 다리 부분을 표현해 준다. 머리는 종 모양으로 둥글게 만든 후 넓은 면에 갈색으로 코를 만들어 붙인다.
2. 붉은 갈색으로 발, 갈기를 만든다. 갈기는 고은체를 이용해 내려서 만든다.
3. 눈을 모아 붙이고 얼굴 표정을 만든다.

4. 마지팬 과일 만들기

귤 I

반죽 : 흰색, 오렌지색, 연두색, 갈색

1. 오렌지색과 연두색을 이용해 색상을 자연스럽게 만든 후 원형 모양을 만든 후 돌기가 나 있는 마지팬 도구팬에 굴려 반죽 표면을 귤처럼 만든다.
2. 원뿔형 마지팬 스틱으로 가운데 부분에 구멍을 내고 연두색 반죽으로 원형을 만들어 붙인 후 다시 구멍을 내준다.
3. 나뭇잎과 줄기를 만들어 붙인다.

귤 II

반죽 : 흰색, 오렌지색, 연두색, 갈색

1. 오렌지색 반죽을 둥글리기 해 마지팬 스틱으로 귤 알맹이 모양을 만든다.
2. 오렌지색과 연두색을 이용해 색상을 자연스럽게 만든 후 원형으로 평평하게 펴준다. 안쪽에 흰색 반죽을 평평하게 만들어 붙인 후 넓게 밀어 펴준다.
3. 귤알맹이에 분당을 묻힌 후 반죽으로 감싸고 돌기가 나있는 마지팬 도구팬에 굴려 반죽 표면을 귤처럼 만든다.
4. 나뭇잎과 줄기를 붙인다.
5. 커터칼을 이용해 껍질 벗긴 귤의 느낌을 자연스럽게 표현한다.

복숭아

반죽 : 흰색, 노란색, 분홍색, 갈색, 연두색

1. 노란색과 분홍색과 연두색을 적절히 이용해 타원형을 복숭아 모양을 만든다.
2. 가운데에서 뾰족하게 만든 부분쪽으로 마지팬 스틱을 이용해 눌러 홈을 만들어 준다.
3. 줄기는 갈색 반죽을 넓게 펴 둥글고 가늘게 민 흰 반죽을 감싸 긴 막대형을 만든 후 원하는 크기로 잘라 사용한다.
4. 가운데 부분에 구멍을 낸 후 줄기와 잎을 붙여 준다.

사과

반죽 : 빨간색, 노란색, 연두색, 갈색, 흰색

1. 빨간색과 노란색을 적절히 사용해 항아리 모양의 둥근 형태를 만든다.
2. 중앙에 원뿔형 마지팬 스틱으로 가운데 부분에 구멍을 만든다.
3. 나뭇잎과 줄기를 만들어 붙인다.

감

반죽 : 주황색, 노란색, 연두색, 갈색, 흰색

1. 주황색과 노란색, 연두색을 적절히 사용해 감 모양을 만든 후 마지팬 스틱으로 사면에 홈을 만든다.
2. 중앙에 원뿔형 마지팬 스틱으로 가운데 부분에 구멍을 만든다.
3. 감잎사귀를 만들어 줄기와 함께 붙인다.

딸기

반죽 : 빨간색, 흰색, 노란색, 연두색, 갈색

1. 빨간색, 흰색, 노란색 반죽을 적절히 사용해 둥근 모양을 만든 후 망으로 감싸 딸기의 오돌토돌한 모양을 표현하면서 딸기 모양을 만든다.
2. 중앙에 원뿔형 마지팬 스틱으로 가운데 부분에 구멍을 만든다.
3. 딸기 잎사귀를 만들어 줄기와 함께 붙인다.

레몬

반죽 : 노란색, 연두색, 갈색

1. 노란색과 연두색 반죽을 적절히 이용해 타원형 모양을 만든 후 한쪽 부분은 좀더 뾰족하게 손으로 모양을 만들어 준다.
2. 마지팬 도구팬에 굴려 빤죽 표면을 레몬 껍질처럼 오돌토돌하게 만든다.
3. 연두색과 갈색을 혼합반죽으로 꼭지를 만들어 붙인다.

바나나

반죽 : 흰색, 노란색

1. 노란색 반죽으로 둥글린 후 길게 원통형으로 만든다. *껍질 깐 바나나는 노란 반죽 위에 하얀 반죽을 겹쳐 직사각형으로 민 후 흰반죽을 타원형으로 밀어 감싼다.
2. 양쪽 부분을 손으로 둥글려 한쪽은 꼭지 모양을 만들고 다른 한쪽은 뾰족하게 만든다.
3. 바나나를 살짝 구부린 후 마지팬 스틱으로 바나나 표면의 각을 만들어 준다.
4. 색소를 이용해 꼭지 부분과 표면을 표현해 준다.

5. 마지팬 사람 만들기

다양한 얼굴표정

산타 할아버지

1

2

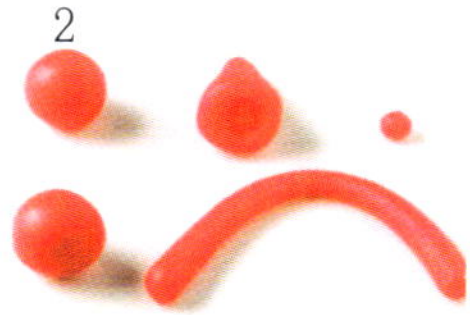

3

1. 흰색 반죽과 얼굴 반죽으로 마지팬 도구로 수염과 귀, 코, 눈 등을 만든다.
2. 빨간 반주긍로 모자와 손을 감싸는 옷 모양을 만든다.
3. 흰 반죽으로 몸통 모양을 만든후 빨간 반죽을 사각으로 밀어 감쌀 반죽을 만든다. 갈색 반죽으로는 신발을 만든다.
4. 각 부위를 붙여서 산타 할아버지를 만든다.

연인

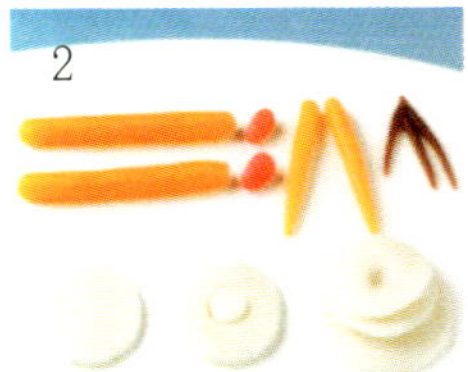

1. 마지팬 도구를 이용하여 만든 연인들의 얼굴들을 만든다.
2. 발 모양과 머리카락 모양 못 모양과 신발을 만든다.
3. 모자와 머리카락 모양, 반바지 모양과 발 모양과 신발을 만든다.
4. 각 부위를 붙여서 연인을 만든다.

치즈와 함께

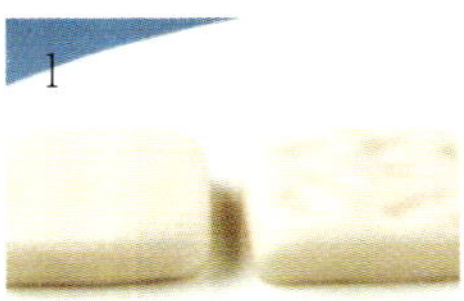

1. 흰색 반구을 사각으로 만든 후 마지팬 도구로 치즈 모양을 만든다.
2. 얼굴 반죽으로 얼굴 모양과 귀, 코, 손 모양, 갈색 반죽으로 머리카락 모양을 만든다.
3. 흰색 반죽으로 바케트 모양을 만든 후 토치로 그을린다. 빨간 반죽으로 모자를 만든다.
4. 각 부위를 붙여 치즈와 함께를 표현한다.

도깨비

1

2

3

1. 얼굴 반죽으로 원형을 만든 후 마지팬 도구로 얼굴 모양과 귀와 코 모양을 만든다. 갈색 반죽으로 머리카락 모양을 만든다. 빨간과 흰색 반죽으로 뿔 모양을 만든다.
2. 흰색 반죽으로 몸통을 만들고 빨간 반죽에 흰색과 갈색 반죽을 넣어 옷 모양을 만든다.
3. 손 모양과 발 모양을 만든다.
4. 각 부위를 붙여 도깨비를 만든다.

제과인

1

2
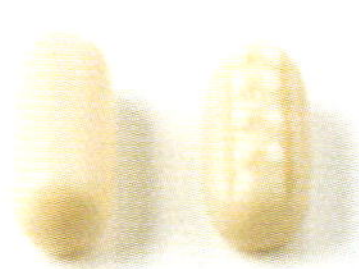
3
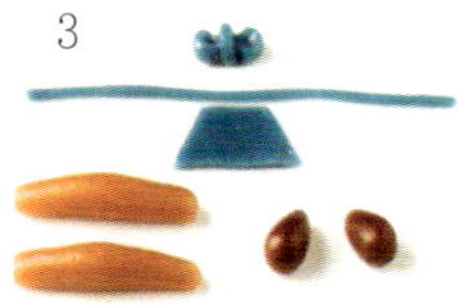

1. 얼굴 반죽을 원형으로 만든 후 얼굴 모양을 마지팬 도구로 만든다.흰색 반죽을 얇게 밀은 후 마지팬 도구로 모자모양을 만든다.
2. 흰색 반죽으로 몸통을 만든 후 마지팬 두구로 모양을 낸 다음 작은 원형을 붙여 위생복 모양을 만든다.
3. 파란색 반죽으로 앞치마를 만들고 갈색 반죽으로 발 모양과 바케트 모양을 만든다.
4. 각 부위를 붙여 제과인를 만든다.

8. 마지팬 데코레이션 기법

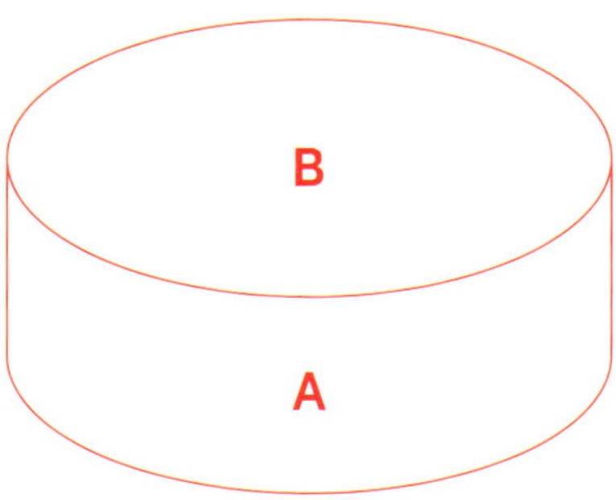

1. B면에는 마지팬 장미꽃 2송이와 잎과 줄기는 자유롭게 진열하고 전통 혼례복을 입은 신랑, 신부(40g 이하)를 진열한다.
2. 옆면은 지정 도안 A와 B(10개이상)를 짜준다.
3. B면의 앞면에 마지팬 싸이판을 만들어 〈한문〉을 쓴다.
4. A면의 아래 부분과 B면의 기타 부분은 전체의 조화를 감안하여 자유롭게 표현해 완성(전체 높이 12cm이내)한다.

Farm's Land

Noêl

10 화과자

1. 화과자 만들기

INGREDIENTS	W/MEASURES
찹살가루	500
설탕	450
흰자	2개
물엿	100
물	적당량

셋뻬

1. 찹쌀가루(백운분)에 뜨거운 물을 넣어 잘 반죽한다.
2. 적당량을 분할하여 길게 늘려준다.
3. 끓는 물에 넣고 충분히 잘익힌다.
4. 익힌 후 믹서기에 넣고 저속으로 믹싱한다.
5. 설탕과 흰자를 보울에 넣고 기포를 올린 머랭을 조금씩 넣으면서 믹싱한다.
6. 25g 분할하여 앙금을 싸서 사용한다.

흰 양갱

INGREDIENTS	RATIO(G)
흰 앙금	1000
한천	15
물	800
설탕	520
물엿	60

1. 한천을 12시간 물에 담구어 둔다.
2. 불린 한천과 물을 강한 불에서 끓인다.
3. 한천이 녹으면 설탕을 넣고 졸인다.
4. 청이 잡히면 흰 앙금을 넣고 적당한 되기로 졸인다.
5. 마지막 5분전에 물엿을 넣고 저어준 후 불에서 내린다.
6. 적당한 틀에 넣어 굳힌다.

네리끼리

INGREDIENTS	RATIO(G)
흰 앙금	500
찹쌀떡(규히)	30
물엿	30
물	소량

1. 흰 앙금에 물을 넣고 풀어준 후 보울에 넣고 눌지 않을 정도의 약한 불에서 저어준다.
2. 되직해지면 찹쌀떡(규히)을 넣고 되기를 조절하며 졸인다.
3. 계속 졸이면 끈기가 생기는데 이때 물엿을 넣고 조금 더 졸여준다.
4. 끈기가 있고 손에 묻어나지 않으면 완성된 것이다.
5. 조금씩 분할하여 빨리 식힌 후 표면이 마르기 전에 다시 합쳐서 잘 치댄다. 자주 치대어 주어야 덩어리가 생기지 않는다.
6. 네리끼리는 밀봉해서 냉장고에 보관하여 쓸때마다 치대어 쓴다.

광택제

INGREDIENTS	RATIO(G)
한천	15
물	800
설탕	600
물엿	70

1. 한천을 12시간 물에 담가 둔다.
2. 불린 한천과 물을 강한 불에서 끓인다.
3. 한천이 녹으면 설탕과 물엿을 넣고 끓인다.
4. 제품 표면에 붓으로 칠하여 광택제로 사용한다.

2. 화과자

감

배합 : 흰 앙금 180, 찹쌀떡 150, 네리끼리 적당량, 흰 양갱 적당량

1. 15g의 찹쌀떡으로 18g의 흰 앙금을 싼다.
2. 양갱을 착색하여 국자로 떠서 실리콘 페이퍼 위에 지름 10cm 정도의 원형으로 얇게 펴 굳힌다.
3. 굳으면 떼어 내어 포앙한 앙금을 싼 후 가운데를 살며시 눌려준다.
4. 광택제를 바르고 녹색으로 착색 한 네리끼리를 밀어 편 다음 감 잎사귀 모양커토로 찍어 붙이고 그 위에 별 모양 커터로 찍어 완성한다.

약죽

배합 : 찹쌀떡(규히) 600, 흰 앙금(포앙용) 1200, 흰자 1개, 가당 한천 적당량, 흰 양갱 적당량, 네리끼리 적당량, 마시멜로 적당량

1. 마시멜로를 틀에 높이 4mm 정도로 부어 편 다음 굳힌다.
2. 굳으면 흰양갱에 녹색을 조금 섞어 틀의 95% 정도까지 부어 굳힌다.
3. 12g의 찹쌀떡으로 18g의 흰앙금을 싼다.
4. 양생이 굳으면 틀에서 빼내 2mm로 얇게 자른다.
5. 두 번 돌려 겹치게 감싼 후 끓인 한천을 바른다.

나팔꽃

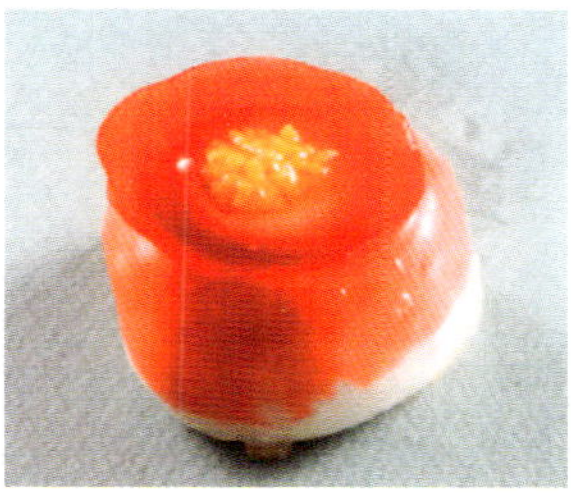

배합 : 마시메로 (흰자 1개분), 팥 양갱 적당량, 찹쌀떡 260, 흰앙금 적당량

1. 흰자 1개로 마시멜로를 만든 후 팥 양갱 소량을 섞어주어 팥 마시멜로를 만든다.
2. 국자로 팥 마시멜로와 팥 양갱을 교대로 1줄씩 틀에 넣는ㄴ다.
3. 틀의 95% 정도까지 붓고 젓가락으로 무늬를 낸다.
4. 13g의 찹쌀떡으로 18g의 흰 앙금을 싼다.
5. 양갱을 13cm로 얇게 자른다.
6. 가로 한번, 세로 한번씩 감싼 후 붓으로 광택제를 바른다.

마블

배합 : 마시메로 (흰자 1개분), 팥 양갱 적당량, 찹쌀떡 260, 흰앙금 적당량

1. 흰자 1개로 마시멜로를 만든 후 팥 양갱 소량을 섞어주어 팥 마시멜로를 만든다.
2. 국자로 팥 마시멜로와 팥 양갱을 교대로 1줄씩 틀에 넣는ㄴ다.
3. 틀의 95% 정도까지 붓고 젓가락으로 무늬를 낸다.
4. 13g의 찹쌀떡으로 18g의 흰 앙금을 싼다.
5. 양갱을 13cm로 얇게 자른다.
6. 가로 한번, 세로 한번씩 감싼 후 붓으로 광택제를 바른다.

색동

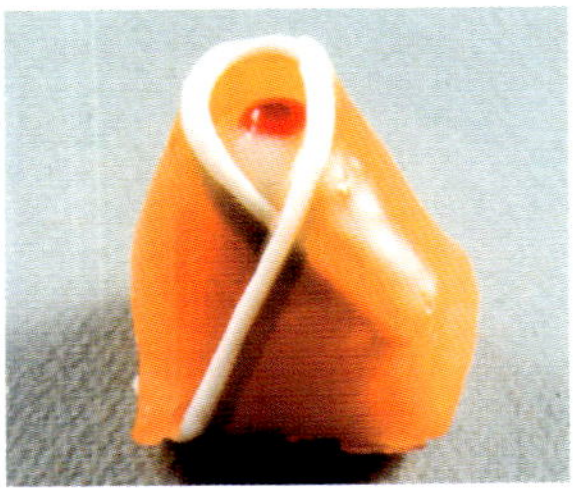

배합 : 흰 양갱 적당량, 찹쌀떡 150, 흰 앙금 180, 마시멜로

1. 마시멜로를 만들어 소량의 흰 양갱과 섞어 틀 안에 높이 2~3cm 정도로 부어 평평하게 한 후 굳힌다.
2. 굳으면 적색으로 착색한 양갱을 부어 평평하게 하여 약간 굳힌후 다음 다시 황색으로 착색한 양갱을 틀 안에 90% 정도까지 부어 굳힌다.
3. 15g의 찹쌀떡으로 18g의 흰앙금을 싼다.
4. 양갱을 틀에서 빼내 세로 두께 2.5mm 정도로 대각선으로 돌려 감싼다.
5. 적색으로 착색한 양갱을 짜준다.

수선화

배합 : 찹쌀떡 120, 흰 앙금 150, 흰 양갱 적당량, 네리끼리 적당량, 광택제

1. 흰 양갱에 녹색을 들이고 국자로 떠서 실리콘 페이퍼 위에 타원형으로 얇게 펴서 굳힌다.
2. 12g의 흰 앙금을 싼다.
3. 굳으면 실리콘 페이퍼에서 떼어 낸 후 양갱을 싼다.
4. 광택제를 바르고 네리끼리를 밀어 수선화 모양 커터로 찍어 붙인다.

옹달샘

배합 : 찹쌀떡, 흰 양갱 500, 흰 앙금 180, 네리끼리 적당량

1. 찹쌀떡을 상판 위에 올려 놓고 밀대로 두께 5mm 정도로 밀어 편다.
2. 흰 양갱을 적색으로 착색한 다음 짤 주머니에 넣고 떡 둘레에 사각 테두리를 짜준 후 굳힌다.

3. 테두리 양갱이 적당히 굳으면 가운데에 양갱을 펴 바른다.
4. 12g의 찹쌀떡으로 18g의 흰앙금을 싼다.
5. 둘레 (10.5cm)와 높이 (3.5cm)를 자로 잰 다음 자른 후 포앙한 찹쌀떡을 감싼다.

세잎장미

배합 : 흰 양갱, 찹쌀덕 160, 흰 앙금 160, 광택제

1. 적색으로 착색한 양갱을 스테인리스 파이프에 부어 굳힌다.
2. 16g의 찹쌀떡(셋빼)으로 16g의 흰 앙금을 싼다.
3. 양갱이 굳으면 스테인리스 파이프에서 양갱을 빼내 사선으로 자른다.
4. 세 개를 붙이고 윗면에 황색으로 착색한 양갱을 짠다.

학

배합 : 찹쌀떡 500, 흰앙금 500, 검은깨 소량, 적색 색소, 흰양갱 50

1. 찹쌀떡을 25g 분할하여 25g의 앙금을 포앙한다.
2. 삼감봉으로 1/3지점에 깊이 눌러 준다.
3. 계란을 이용하여 왼쪽을 눌러 준다.
4. 인두로 지져 학의 부리를 만들고 양갱을 적색으로 만들어 벼슬을 짜준다.
5. 검은깨로 눈을 만든다.

벚꽃(네리끼리)

배합 : 네리끼리 300, 팥앙금 200, 적색 색소, 황색 색소

1. 15g의 네리끼리로 15g의 적색 네리끼리를 포앙한다.
2. 납작하게 만들어 20g의 팥앙금을 포앙한다.
3. 삼각봉으로 5개의 선을 그린다.
4. 둥근봉으로 안에서 바깥으로 밀어낸다.
5. 황색네리끼리로 꽃술을 만들어 중앙에 올려 놓는다.

국화(네리끼리)

배합 : 네리끼리 420, 팥 앙금 150

1. 네리끼리를 2등분 한 후 한쪽을 연한 분홍색으로 착색한다.
2. 12g 네리끼리로 20g의 네리끼리(연한분홍색)를 싼다.
3. 15g의 팥 앙금을 싼 후 원형으로 만든다.
4. 삼각봉으로 부채꼴 형태의 세줄을 밀어 준다.
5. 끝 부분을 봉으로 누른 후 황색으로 착색한 네리끼리로 꽃술을 만들어 옴폭한 곳에 붙인다.
6. 네리끼리를 녹색으로 물들여 국화 잎사귀 모양 커터로 찍어 옆면에 붙인다.

국화(모모야마)

배합 : 기미앙 250, 찹쌀떡 100, 흰 앙금 200, 정종 적당량, 설탕 적당량, 노른자 적당량

1. 찹쌀떡을 넓게 펴 10g 씩 깍두기 모양으로 자른다.
2. 흰 앙금 20g을 싼 후, 다시 25g의 기미앙으로 싼다.
3. 둥글게 만들어 삼각봉으로 국화 꽃 모양을 만들어 준다.
4. 가운데를 누르고 정종에 설탕을 넣고 윗면에 뿌려준 후 센불(210℃ 오븐)에서 재빠르게(20~25분 동안)굽는다.
5. 구운 후 적색으로 착색한 양갱을 짜준다.

Part 2 디저트(Dessert)

1 디저트 이론

1. 디저트의 개념

디저트란 말은 프랑스어의 '치운다, 정리한다'라는 뜻을 나타내는 '디저비르(Desservir)'에서 유래된 것으로 알려져 있다. 디저트는 과일이나 달콤한 과자 또는 아이스크림 등 있다. 즉 디저트는 단맛(Sweet) 풍미(Savour) 과일(Fruit)의 3요소가 모두 포함되어야 디저트라 할 수 있다. 사람이 식후 단것을 먹는 이유는 소화를 돕는다는 것을 오랜 경험으로 알기 때문이다. 이것은 영양학적으로도 증명되었다. 즉 순간적인 많은 당분섭취는 인슐린 분비를 촉진시켜 소화를 돕는다는 것이다. 한편 식후 강한 짠맛도 소화를 돕는 것으로 알려져 있다. 그래서인지 서양에서는 디저트와 치즈 중에서 선택하여 후식으로 식사를 끝내고 있다.

2. 디저트의 유래

디저트는 선사시대부터 있었다고 한다. 하지만 그 당시에는 야생 꿀, 과일을 기본으로 하여 만든 단맛 나는 음식에 불과했을 것이다.

BC 327년에는 알렉산더 대왕의 군대가 인도의 한 골짜기에서 사탕무밭을 발견했고, 이를 서양으로 가지고 갔다. 그 후 십자군은 잘 알려지지 않은 열매들을 프랑스에 전했는데, 계피, 육두구, 편도, 개암 등이다. 16세기에는 스페인에 초콜릿이 전해졌으며, 17세기에는 전 유럽으로 퍼지게 되었다. 그리고 폴란드의 왕인 스타니스산스(Stanislas, 1677~1766)에 의해 프랑스에 바바(Baba)가 소개되었다. 그는 바바를 시럽에 적혀 천일야화의 주인공 중 하나인 알리바바(Alibaba)라는 이름을 붙였는데, 이후에 바바(Baba)가 되었다. 프랑스 디저트가 전세계에 명성을 떨치게 된 것은 탈레이앙드(Talleyrurd)의 요리사인 안토니 카렌(Antorin Carene, 1784~1833) 때이다. 그는 현대과자의 선구자로서 껍질이 얇게 벗겨지는 과자인 페유타지(feuilletage)를 최초로 만들었다.

오늘날 우리가 알고 있는 훌륭한 디저트들은 19세기가 지나면서부터 자리를 잡게 되었다. 디저트가 현재와 같은 단 음식으로 식사 뒤에 나오게 된 것은 비교적 근래의 일이며, 요리를 순서대로 한 가지씩 내놓는 러시아식 서비스 식단이 도입되고부터 유럽 전역에 퍼지게 되었다. 그 후 달콤한 음식을 손님들이 좋아 하고 과학적으로 어느 코스에 제공해야 하느냐는 연구 끝에 맨 마지막을 장식하는 것이 가장 이상적인 방법으로 채택되어 요리와 디저트의 관계가 새롭게 정리되는 계기가 되었다.

3. 디저트의 분류

디저트는 더운 것과 찬 것으로 나눌 수 있다. 더운 디저트에는 조리방법에 따라 다음과 같은 조리법이 있다. 즉 오븐에 굽는 법, 더운 물 또는 우유에 삶아내는 법, 기름에 튀겨내는 법, 팬에 익혀내는 법, 알코올로 플랑베(Flambe)하는 법 등이 있다. 또 주재료인 과일 위에 이태리식 소스를 담은 다음 오븐에 구워 내는 그라탕이 있다. 찬 디저트에는 바바로와(Bavarois), 젤리, 푸딩, 무스, 아이스크림, 셔벗, 샤롯데 등이 있다.

4. 디저트류

1) 기초 반죽

반죽은 제과·제빵에서 아주 중요한 위치를 차지하고 있다. 일반적으로 3가지의 형태로 구분하는데 빵반죽, 버터반죽, 계란반죽 등으로 크게 구분한다. 빵반죽은 밀가루가 기본이고 버터반죽은 버터가 기본인데 대개는 식빵이나 후렌치 반죽을 기본으로 보는데 식재료 등이 첨가함에 따라 변형될 수 있다고 본다. 버터를 첨가하면 풍미가 좋아지는 것이 특징이고 제품은 비스켓, 케이크 등에 이용된다. 끝으로 계란 반죽(제노아즈 반죽이라고도 함)은 스펀지 반죽을 의미하는데 계란을 반죽에 넣으면 첫째 풍미가 좋아지며, 둘째 영양가가 높아지며, 셋째 노른자에 들어 있는 레시틴의 유화작용으로 반죽의 신장성이 좋아진다. 이상의 반죽 외에도 반죽의 형태는 무궁무진하다고 볼 수 있다.

원래 반죽은 밀가루와 타재료를 반죽해서 만들어진 반죽를 뜻하는데 영어로는 도우(Dough), 일어는 기지, 불어는 파트라고 한다. 파트는 고대 그리스어 파르테에서 유래한 말인데 후에 이것이 라틴어 파스타에서 다시 파트로 변형된 것이라 한다.

반죽의 가장 기본적인 형태는 밀가루에 물을 넣고 미생물로 부풀리는 도우(Dough)이다. 이러한 반죽으로 빵을 구워먹던 시대는 고대 이집트 시대까지 올라가는데 이는 이집트에서 유대인이 도망치면서 이를 기념하기 위해 발효시키지 않은 '무교병'을 먹었다는 사실로도 쉽게 짐작할 수 있다. 여러 미생물 중에서 특히 효모를 발전시킨 사람은 그리스인으로 차츰 다른 미생물이 섞이지 않은 순수한 발효제품이 유럽을 중심으로 퍼지게 되었다. 그러나 발효반죽의 제법은 제빵기술자들 사이에서만 전해졌기 때문에 현재와 같은 제빵법은 매우 오랜 시간이 지난 뒤에 이루어지게 되었다. 처음에는 효모만을 사용하는 소량의 빵반죽을 원종으로 사용하는 방법이 일반적이었다.

발효반죽의 가장 기본은 밀가루, 물, 효모를 반죽한 형태이다. 이것을 이용한 제품으로 오래된 것으로는 고대시대부터 만들어 왔다는 갈레트에서 찾아볼 수 있다. 유럽을 중심으로 그 기원을 같이 하는 발효반죽은 각 나라의 풍토나 풍습, 식생활 등의 여러 조건에 따라 다른 형태로 발전해 왔다. 예를 들면 프랑스에서는 발효반죽을 블랑주리와 파티스리로 분류하고 파티스리는 다시 파트르베와 파트르베 푀이테, 가토르베 등 세 종류로 나눈다. 또 파트르베는 브리오슈나 바바리 같은 제품을 만든다. 그러나 모든 나라가 이와 같이 분류하는 것은 아니며 기후나 풍토에 따라 원료에 변화를 주거나 제과업계의 구조에 따라 차이를 두어 여러 종류로 분류한다.

2) 기본 크림

디저트에 크림이 빠지면 디저트라고 할 수 없을 정도로 크림은 중요하다. 크림은 여러 가지가 있는데 특히 요즘은 디저트에 사용하는 크림은 용도가 매우 다양해 케이크 표면을 데코레이션하는 것 외에도 크림만을 구워 디저트를 만들거나 필링의 재료로 이용하기도 한다. 그리고 여러 가지 재료를 이용하여 만들어지기도 하며 완성된 두 가지 이상의 크림을 서로 섞어서 사용하는 예도 늘고 있다. 디저트에서 가장 많이 사용하는 크림 몇 가지를 열거해 보면 다음과 같다.

커스터드 크림

커스터드란 이름은 원래 크러스트라 하여 프랑스 요리인 크로스태드-파이 반죽이나 파이 껍질에 여러 재료를 채운 요리의 어원과 같다. 이 단어는 또 빵과 구운 과자의 껍질을 뜻하는 크러스트와도 어원이 같다.

커스터드는 본래 우유와 설탕으로 만든 반죽을 접시에 담아 오븐에서 구운 소박한 과자의 하나이지만 그 표면의 껍질을 보고 그 이름을 붙이지 않았을까 생각된다. 이 과자에서 커스터드 푸딩과 커스터드 소스가 만들어졌으며 더 나아가서 커스터드 크림이 탄생되었다.

커스터드 크림이 영국에서 태어난 것은 그 기원이 되는 커스터드 소스가 프랑스 등지에서 영국풍 소스(Sauce a L'anglaise) 혹은 영국풍 크림(Cream a Langlaise)이라 부르고 있는 것에서도 알 수 있다. 원래 커스터드 크림 자체는 프랑스에서는 제과용 크림이란 의미로 크렘 파테시에르(Cream patessiere)라 부른다. 독일권에서는 커스터드 크림에 해당되는 크림을 바닐리에크렘(Vanillekrem)이라 부른다. 커스터드 크림은 간단히 말하면 커스터드 소스 배합에 전분을 늘려서 젤 상태로 만든 것이다. 전분 대용으로 밀가루를 이용할 수도 있다. 젤 상태는 계란의 열 응고에 의해 얻어질 수 있으나 짜거나 바르거나 하려면 너무 약하다..

아몬드 크림

아몬드 크림, 즉 프랑스어로 크렘 다망드라 하며 버터 케이크 반죽에 속할 수도 있으나 배합면에서 보면 단독으로 사용하는 경우는 극히 드물고 보통 다른 반죽과 어울려 필링으로 이용하는 경우가 많아 일반크림과 같이 크림으로 분류한다.

보통 영국이나 미국에서 아몬드 크림이라 해도 프랑스에서는 크렘 다망드와 프랑지판으로 나누어 구분하고 있으나 이론상으로 명확한 구별이 없으며 보통 크렘 다망드는 프랑스에서 만들어졌다 하고 프랑지판은 이탈리아가 그 기원이라고 한다.

크렘 다망드와 프랑지판의 기본배합은 버터, 설탕, 계란, 아몬드가 동량이다. 즉 파운드 케이크 제조시 사용하는 배합에서 밀가루 대신에 아몬드 분말을 사용하면 똑같은 상태이다.

아몬드 크림의 제법에는 두 가지 방법이 있다. 한 가지는 아몬드 분말을 사용하는 방법으로 크렘 다망드의 제법과 거의 같아 아몬드 분말과 설탕을 함께 섞고 계란을 넣은 뒤 마지막에 녹인 버터를 넣고 완전히 섞어 주는 것이다. 또 한가지 제법은 마지팬 등 페이스트 상태의 아몬드를 사용하는 방법으로 이 방법이 입자가 곱고 혀의 촉감이 매끄럽다. 아몬드 크림은 그대로 사용하는 것이 아니라 반드시 불을 이용해야 한다.

아몬드 크림도 다른 크림과 마찬가지로 여러 가지 소재를 넣어 다양하게 만들 수 있다.

① 초콜릿

기본 반죽에 대해 4~7%의 녹인 비타 초콜릿을 넣는다.

② 커 피

기본 반죽에 대해 3~4%의 인스턴트 커피를 넣는다.

③ 프랄리네

아몬드, 헤이즐넛, 파스타치오 등을 곱게 빻아 기본 반죽에 대해 20% 정도를 섞는다.

④ 꿀

기본 반죽에 사용하는 설탕 분량의 15~20%와 교체해 사용한다. 꿀 이외에도 액당이나 브라운 슈거를 사용할 수도 있다.

⑤ 과 실

기본 반죽에 대해 과즙의 경우 35%를 첨가한다. 첨가하는 방법은 건조시킨 아몬드 분말과 함께 롤러에 넣어 페이스트 상태로로 만드는 것이 가장 효율이 좋다. 잼을 넣을 경우에는 잼의 당분을 계산해서 그만큼 설탕의 분량을 줄인다. 곱게 썰어 당절임한 과일을 사용해도 좋다.

3) 무스 Mousse

무스는 현대 디저트에서 가장 기본이 되는 냉과류이다. 이것은 디저트의 꽃이라 해도 과언이 아니다. 다른 디저트도 마찬가지이지만 무스는 다양한 재료와 모든 양식 요리에 접목이 가능한 디저트이다.

원래, 무스란 바바로와가 발전된 것으로 프랑스어로 거품이란 뜻인데 거품과 같이 부드럽고 혀에 닿으면 녹는 성질을 가진 일종의 냉과로 마치 프랑스 디저트의 대명사처럼 불리고 있다.

부드러운 퓌레(과일 같은 것)상태로 만든 재료에 거품 낸 생크림 또는 흰자를 더해 가볍게 부풀린 디저트인데 완성된 무스는 표면이 마르기 때문에 표면에 투명 젤리를 입히기도 한다. 무스 만드는 법은 바바로와와 별 차이가 없지만 일반적으로 바바로와보다 더 가벼운 디저트라고 보면 된다. 무스를 일명 미러(Miroir)라고도 하는데 그 이유는 무스 표면에 바른 젤리의 광택이 얼굴을 비출 정도이기 때문이다.

본래 무스 그라세(Mousse Glace)로부터 출발하여 다양한 제품으로 개발되어 왔는데 다음의 3가지 종류로 대분할 수 있다. 하나는 노른자와 설탕을 기본 바탕으로 하는 무스로 우유, 과즙이 주요 수분 재료이며 양주도 많이 쓰인다. 다른 하나는 흰자와 크림의 거품을 기본 바탕으로 과일을 필수적으로 사용하는 것이고, 또 다른 무스는 초콜릿을 기본 바탕으로 크림, 흰자, 노른자 등의 거품을 섞는 초콜릿 무스라 할 수 있다. 무스 종류로는 재료에 따라 이름이 변한다고 이해하면 쉽다. 무스 종류를 나열하면 다음과 같다.

① Yogurt Mousse

② Raspberry Mousse

③ Papaya Mousse

④ Caramel Mousse

⑤ Vanilla Mousse

⑥ Chestnut Mousse

⑦ Black Tea Mousse

⑧ Coffee Mousse

⑨ Fruit Mousse

이외에도 무스는 최근 인기제품으로 자리 잡고 있는 품목이다. 거품이란 뜻의 무스는 과일 퓌레에 생크림을 넣어 응고제로 굳혀 차게 해서 먹는 냉과이지만, 충전물로 혹은 토핑물로 사용해 다양한 종류의 메뉴가 가능하기 때문에 계절 디저트로 한정짓기는 어려운 대표적인 양과자에 속하는 디저트이다.

참고로 무스(Mousse)에서 파생된 무슬린(Mousseline)이란 말이 있는데 작게 만든 무스를 이렇게 부른다. 그리고 브리오슈 반죽에 버터가 많이 첨가된 것을 무슬린 이라고도 한다. 백포도주 소스에 생크림을 올려서 첨가하면 소스 무슬린이 되며 생선요리에 많이 사용한다.

4) 바바로와 Bavarois

바바로와는 찬 디저트(Cold dessert)로 젤리와 같이 젤라틴을 이용한 것으로 무스, 푸딩과 같이 찬 디저트로 오래 전부터 디저트의 대명사처럼 사용되고 있다.

바바로와는 무스보다 부드러움이 덜한 제품이지만 부드럽고 순한 풍미가 특징이며 종류로는 계란과 우유, 설탕으로 만드는 커스터드 크림을 굳힌 것과 생크림과 과일 퓌레를 굳힌 것이 있다. 과일이나 리큐르, 초콜릿, 커피의 독특한 맛을 살린다거나 젤리와 혹은 무스와 결합하는 등 다양한 개발이 가능하므로 차별화된 디저트가 될 수 있다.

만드는 법은 과일 퓌레(어떤 과일도 무방하다)에 크림 젤라틴을 넣어서 만드는데 기본은 크림 앙글레즈(영어로 Custard라고 한다)에 젤라틴을 섞어 굳힌 것으로 보면 간단하다. 여기에 여러 가지 과일, 초콜릿, 커피 등등을 넣어 응용한다. 요즘은 호텔에서는 둥근 플라스틱 틀에 스펀지 케이크를 깔고 크림을 넣어 색색깔의 과일 등을 넣어 굳혀서 가장 화려한 고급 디저트로 사용하고 있다.

원래 바바로와는 독일의 바이에른(Bayern)지방의 부유한 귀족집에서 일하는 프랑스인 조리사가 마시던 음료였던 것을 굳혀서 만든 것이 시초였다고 한다. 당시에는 노른자를 사용하지 않고 젤라틴만으로 굳게 했으나 현재와 같은 형태가 된 것을 19세기 프랑스인 조리사 카렘(Caeme)이 고안해 낸 후라고 한다.

바바로와의 종류는 다음과 같다.

① Lemon Bavarois

② Strawberry Bavarois

③ Rainbow Bavarois

④ Bavarois Fantage

⑤ Bavarois Martinque

⑥ Bavarois en Surprise

⑦ Coffee Bavarois

⑧ Pistachio Bavarois

⑨ Royal Bavarois

⑩ Fruit Bavarois

⑪ Swiss Bavarian Crem

참고로 Bavaroise는 음료의 하나인데 바바로와와 구분해야 한다.

5) 푸딩 Pudding

푸딩은 빵가루를 묻혀 튀기는 것에서 착안해 개발된 것으로, 영국의 경우 초기에는 항해중의 보존식으로 이용하기 위해 만들어졌다.

비스킷 분말 또는 밀가루 속에 라드, 건포도, 소금, 후추 등을 섞은 다음 냅킨을 이용해 원통형으로 말아서 양끝을 끈으로 단단하게 묶은 다음 뜨거운 물에 익힌 푸딩은 그 당시 크리스마스 때 먹는 크리스마스 푸딩과 플럼 푸딩이 대표적이었다. 푸딩은 증기에 찐 것, 오븐에 굽는 것, 차게 굳힌 것들로 크게 나뉘고 이들을 기초로 다양하게 케이크를 만들 수 있다.

증기에 찐 것과 오븐에 구운 것은 겨울에 뜨거운 소스를 곁들여 먹으면 좋고 찬 것은 여름에 찬 소스를 곁들여 먹으면 좋다.

푸딩의 종류는 커스터드 푸딩과 커스터드 속에 카스테라 분말을 넣은 로열 푸딩 그리고 초콜릿을 이용한 초콜릿 푸딩과 아몬드를 넣어 만든 아몬드 푸딩 등이 있다.

일반적으로 많이 알려진 푸딩은 틀에 캐러멜(설탕을 탈 정도로 끓여 준비한 것), 우유 300ml에 계란 두 개, 노른자 추가로 두 개 넣어 저은 것을 채우고 오렌지, 레몬 껍질, 바닐라, 초콜릿, 커피 등을 첨가하여 물을 넣어 중탕으로 익힌 것이다. 그리고 커스터드 푸딩은 틀에서 뽑기 때문에 계란 비율과 온도가 중요하다. 그러나 오븐에서 너무 오래 구우면 조직이 단단하여 고무 같은 싸구려 느낌이 든다.

요리에 곁들여지는 디저트로 커스터드 푸딩 중에서 가장 유명한 것은 크렘 캐러멜이다. 이것은 캐러멜을 바른 틀에 바닐라의 향기를 낸 커스터드의 소재를 넣어서 구운 것이다. 커스터드에 열을 가함에 따라 안쪽에 바른 캐러멜이 열에 녹으므로 만들어진 커스터드를 옮기면 녹은 캐러멜이 소스가 되어 커스터드를 걸쭉하게 감싼다.

1930년대 메뉴를 찾아보면 푸딩은 꼭 들어가 있다. 재료가 구하기 쉽고 요리사가 만들기 쉬운 디저트이므로 유행했던 것 같다. 지금은 고급 디저트가 많지만 옛날에는 입안에서 살살 녹는 디저트가 흔치 않았기 때문일 것이라는 추측을 할 수 있다.

6) 찬 수플레 Cold Souffle

수플레는 프랑스어로 '부풀리다'라는 뜻으로서 기포성 반죽을 구워서 2~3배로 부풀린다는 의미에서 붙여진 명칭이다. 부풀림은 흰자에 함유되어 있던 공기가 오븐 속에서 열을 받아 팽창하기 때문에 생기는 현상이다. 그리고 일단 오븐에서 꺼내면 식어서 곧 부풀림이 사그러진다. 수플레는 흰자로 팽창시키기 때문에 맛이 산뜻하고 위에 부담을 주지 않는 특징이 있다.

수플레는 디저트 중에서 가장 입맛이 개운한 것으로서, 풍미를 돋운 소재와 거품을 낸 계란 흰자만으로 만든다. 그리고 수플레에 없어서는 안 될 중요한 것은 공기이다. 계란 흰자의 거품을 낼 때 스며든 공기는 오븐의 열에 데워져 팽창하여 수플레 전체를 부풀린다. 즉 수플레는 잘 만들고 싶으면 계란 흰자에 되도록 많은 공기를 섞어 넣으면 된다.

어떤 수플레를 만들 경우에도 우선 맨 처음 해야 할 일은 오븐을 정해진 온도로 달구는 일이다. 대개의 경우 180℃ 정도가 가장 알맞다. 오븐을 달구는 동안에 수플레 접시를 준비하여 반죽을 만든다. 수플레가 부풀기 쉽도록 수플레 접시는 측면이 곧바로 된 것을 고른다. 구워 졌을 때 접시에 수플레가 들러붙지 않도록 안쪽에는 부드럽게 만든 버터를 바르고 설탕을 묻혀 둔다. 반죽이 만들어지면 계란 흰자를 끝이 곤두설 때까지 빽빽하게 거품을 낸다. 흰자의 거품내기는 반드시 맨 나중에 한다. 거품을 낸 채 놓아두면 섞어 넣은 공기가 달아나서 오그라들고 만다. 흰자와 반죽을 혼합할 때는 우선 흰자를 반죽에 첨가하여 섞고 이것을 나머지 흰자에 흘려 넣어 전체를 혼합한다. 처음에 넣은 흰자로 소재가 약간 느슨해지므로 남은 흰자가 섞이기 쉬워진다. 골고루 섞여지면 준비한 수플레 접시에 조금씩 흘려 넣고 미리 데워둔 오븐의 중간에 넣어 굽는다. 수플레의 재료로 가장 흔히 사용되는 것은 밀가루, 우유, 버터, 설탕이다.

7) 타르트 Tart

원형틀에 반죽을 깔고 과일이나 크림을 채워서 구운 과자이다. 프랑스어로 타르트, 이탈리아어로 토르타이며 영·미국에서는 타트라고 부르고 있다. 이들은 모두 똑같이 만들어지는 것이 아니라 나라마다 반죽과 모양이 조금씩 다르다. 소형 타르트를 타르틀레트라고 한다. 한편 타르트를 플랑이라고 하기도 하는데 플랑은 밀가루, 계란, 크림으로 만들어 찐 과자의 하나로 접시 모양의 반죽에 충전물을 채우는 점은 타르트와 같다. 플랑이 원형만으로 만드는 반면, 타르트는 원형 이외에도 다른 모양으로 만들 수 있다는 점이 다르나, 본질적인 차이는 거의 없다.

8) 젤리 Jelly

젤리는 한천, 젤라틴, 펙틴 등을 끓여 녹여 과일, 리큐르 술, 우유, 과즙을 넣어 굳혀서 만든 것인데 무스와 함께 인기 높은 디저트로서 입에 닿는 감촉이 산뜻하고 상쾌해서 기름진 요리 뒤에 알맞은 인기 높은 디저트이다.

원래 젤리는 송아지 다리나 생선 등을 끓여서 나온 국물을 식혀서 사용했다. 이것은 요리에도 많이 이용되고 있다. 18세기 때는 냉장고가 없었기 때문에 젤리가 지금보다는 단단했을 것이라고 추측된다.

젤리는 일본에서는 인기 있는 디저트인 데 반해 우리나라에서는 젤리가 씹힘없는 밋밋한 맛 때문에 그다지 주목을 받지 못하고 있는 게 사실이다. 유럽의 경우 쓴 커피와 시원한 젤리를 함께 즐겨 먹는 경우가 많다고 한다.

과일 젤리는 스푼으로 뜰 때 과일과 함께 젤리가 흔들리는 것이 그 특징이다. 그것이 맛을 배가시켜 매력으로 작용하고 있다. 이것 역시 소르베와 같이 과일을 컵으로 담아낸다거나 젤리의 녹지 않는 특징을 이용하여 다양하게 담아내는 방법이 있다.

따라서 젤리는 신세대를 겨냥하여 후레쉬한 과일의 맛을 강하게 하는 등 우리의 입맛에 맞게 변화를 준다면 지금까지와는 다른 젤리의 성공을 기대할 수 있을 것이다.

그리고 젤리에서 중요한 것은 농도인데 농도가 높으면 젤리의 강도가 커져 보형성은 좋지만 반면에 부서지기 쉽다.

9) 과일 콤포트 Stewed Fruit

우리나라는 과일을 주식으로 먹는 습관을 가져야 한다. 대개는 간식으로 먹기 때문에 식량문제나 음식섭취량 문제 등 과일을 과소비하는 면이 있다고 본다. 서양의 과일은 당도가 높은 반면 구연산이 적어 맛이 없다. 그래서 나온 디저트가 이것이다. 과일을 시럽에 넣어 삶으면 과일의 감미와 풍미가 더해진다. 과일을 삶은 뒤의 시럽을 조리면 소스가 된다. 이 소스를 과일에 치면, 삶기만 한 과일도 훌륭한 디저트로 내 놓을 수가 있다. 또한 과일을 적포도주에 삶는 방법도 있다.

과일 콤포트의 재료로는 약간 덜 익은 것이 적당하다. 너무 익으면 과육이 힘이 없어 풀어지는 경우가 있다. 황도, 백도 등이 좋은 과일 콤포트라고 생각된다.

과일의 크기는 사과의 경우 1/4, 살구는 1/2 정도가 적당하다. 부재료로 바닐라, 레몬, 오렌지 같은 것들을 곁들여 맛을 낸다. 체리, 서양배, 자두 등은 적포도주와 계피껍질, 레몬껍질들과 함께 시럽에 넣어 삶아도 된다. 또 과일을 맑은 물에 삶은 다음 다시 시럽에 삶는 경우도 있으며, 살구잼이나 옥수수 전분을 풀어 넣어 걸쭉하게 해도 좋다.

이 과일 디저트는 냉장고에 넣어 차게 식혀서 먹는다. 당도는 18도가 적당하다. 과일을 삶는 국물은 꼭 시럽이어야만 하는 것은 아니다.

포도주에 함유된 산에는 과육을 죄는 작용이 있으므로 오래 삶아도 뭉그러질 걱정이 없다. 포도주는 열을 가하면 시큼한 맛이나 씁쓸한 맛 또는 신맛이 나지만 오래 삶으면 그러한 역겨운 맛이 사라진다.

과일을 섞어서 삶을 경우 과일 성질에 따라 따로따로 삶도록 하는 것이 좋다.

건과일(건포도, 자두, 곶감)에 계피, 생강을 넣어 만드는 수정과가 이 디저트에 포함된다고 본다. 디저트에 약효까지 감안하여 만든 우리 조상님들의 지혜는 훌륭하다. 향후 우리나라는 우리재료로 세계인의 입맛에 맞는 디저트 개발이 시급하다.

10) 크레이프 Crepe

밀가루에 계란, 우유를 섞은 반죽을 얇고 둥글게 부쳐서, 아이스크림, 버섯, 잼 등 여러 가지 재료를 넣어 먹는 것을 말한다. 원래 크레이프는 중세부터 내려온 과자로서 당시의 크레스프(Cresp), 크리스프(Crisp)에서 유래하는 명칭인데 그 당시는 빵 대용이나 간식으로 먹었다. 현재는 프랑스의 전통적인 디저트로 다양하게 사용된다.

1983년 당시 파리에서는 크기가 보통 지름이 50cm되는 철판에 반죽을 한 주걱 뜨고 나무로 된 주걱으로 반죽을 골고루 펴 구운 다음 설탕 뿌린 것, 약간 고급은 잼을 바르고 아주 고급은 밤을 넣어 판매하고 있다. 파리에는 전채부터 디저트까지 모든 요리가 가능한 것이 크레이프이다. 크레이프는 브레다뇨 지방의 전통요리로 알려져 있다. 크레이프는

다리올이라는 파이의 한 종류로 크로와상과 함께 16세기에 만들기 시작했다. 유럽에서 2월 성 축제 때 성당에서 구워 먹었는데 17세기가 되어서야 일반가정에서 일반화되었다 한다.

'실크와 같이'라는 뜻의 크레이프는 가늘게 잔주름이 가도록 구워내는 것이 특징이다 . 크레이프는 밀가루 200g 설탕 30g 소금 2.5g 계란 2개 우유 1.5컵, 리큐르 4분의 1컵을 혼합하여 2시간 휴지를 준 후 핫플레이트로 구워낸다.

구워낸 것에 마멀레이드 등 자기가 좋아하는 것을 넣어 먹기도 한다.

크레이프는 중세 영국의 크리스프(Crisp) 크레스프(Cresp)가 와전된 것으로 프랑스에서는 파누케(Pannequet)라고도 불렀다. 크레이프와 비슷한 것으로 팬케이크(Pancake), 브리테나(Brittella 이탈리아), 프판쿠헨(Pfannkuchen 독일), 가레트 (Galatte 프랑스) 등이 있으며 가레트는 밀가루, 우유, 꿀로 만든 전병으로 고대 이집트왕의 고분에 조각된 그림에서 볼 수 있다.

11) 플랑베 Flambe

플랑베는 불어로 '불꽃, 화염, 태운, 구운'의 뜻으로 쓰인다.

손님 앞에서 알코올 불에 코냑 술에 데워 포도주 소스와 과일을 섞어 만든 후식을 고객에게 서비스하는 것은 더 없이 맛있는 서비스일 것이다. 포도주와 디저트는 밀접한 관계가 있으며 특히 플랑베는 코냑을 사용해야 제맛이 난다. 그리고 플랑베를 주로 사용하는 디저트는 세계적으로 알려진 크레이프 수제트가 있다.

체리를 이용하여 만든 디저트인 체리 주블레로 고객 앞에서 직접 플랑베한 다음 서비스할 때 고객에게 아이스크림과 아몬드, 휘핑 크림을 얹어서 함께 제공하고 있다. 바닐라 소스에 사용하는 포도주는 가열하는 온도나 조리시간에 따라 포도주의 성질이 달라지므로 최고급 포도주 사용보다는 중급을 사용하고 레몬이나 오렌지 껍질, 리큐르를 첨가하여 소스의 풍미를 보충해 주어도 무방하다.

과거에는 달고 짙은 디저트에 달콤한 포도주 소스를 사용했으나 요즘은 단 디저트에 단 포도주는 서로 맛을 죽인다 하여 꺼리고 있다.

12) 비스킷 Biscuit

비스킷은 가정에서도 만들기 쉬운 디저트이다.

비스킷을 반죽형태로 분류하면 반죽형과 거품형으로 나눌 수 있다. 반죽형은 밀가루양보다 수분양이 적으므로 도우 형태이며, 거품형은 수분양이 많은 베터(batter) 형태이다.

제법으로 분류하면 다음과 같다.

절단 형태의 쿠키(Cut Out Cookies)

① 밀어펴기 형태(Sheeting Roll Type)

반죽형 쿠키 반죽을 제조하여 밀대로 밀어펴고 각종 성형기(일명 가다)를 사용하여 반죽을 찍어 내어 철판에 옮긴 후 굽는 형태의 쿠키로서, 다른 쿠키에 비하여 액체 재료가 적은 편이다.

② 냉동형태(Ice Box Type)

반죽형 쿠키 반죽을 제조하여 냉동시키는 것으로 냉동시키지 않으면 작업하기가 곤란하고 성형하기도 어려운 유지 함량이 많은 반죽은 이 방법으로 만들며 냉장고에서 꺼낸 즉시 작업하는 것이 좋다.

짜는 형태의 쿠키(Bagged-out Cookies)

반죽형 또는 거품형 쿠키의 반죽을 제조하여 짜는 주머니에 반죽을 넣고 철판 위에 짜서 굽는 쿠키이며, 이때 짜는 주머니에 반죽을 너무 많이 집어넣으면 손의 열로 인하여 묽어지기 쉬우므로 주의해야 한다.

손으로 만든 쿠키(Hand Making Type Cookies)

반죽형 쿠키 반죽을 제조하여 손으로 성형하여 만든 쿠키로 구슬형, 스틱형, 푸리젤형 등이 있다.

판에 등사하는 방법의 쿠키(Stencil Type Cookies)

여기에 사용하는 반죽은 묽은 상태의 것으로 얇은 틀을 철판에 올려 놓고 주걱을 사용하여 철판 윗면에 흘려서 만든 것으로서 대단히 얇고 바삭바삭한 쿠키가 된다(대량 생산 제품).

한편 쿠키의 특징은 다음과 같다.

① 장식을 해야 할 쿠키는 철판 위에 올려지자마자 장식을 해야지 대기 중에 오래 방치하면 껍질이 형성되어 장식물(견과류, 과일류)을 달라붙게 하는 성질을 잃게 한다.

② 쿠키는 단위가 작고 평평한 형태이기 때문에 굽는 시간이 짧다. 설탕 함량이 낮은 쿠키(밀가루 대비 35% 이하)는 유지 함량이 낮고 설탕 함량이 높은 쿠키보다 높은 온도의 오븐에서 구워야 하지만 제품 특성에 맞는 굽기를 한다는 것이 중요하다. 평균적인 굽기 온도는 196~204℃로 굽기가 끝나자마자 오븐에서 꺼내야 되는데 이것은 위, 아래 껍질 색 으로 판단한다. 오븐에서 꺼낸 후 몇 분 동안은 팬과 쿠키 자체의 열 때문에 굽기가 계속된다고 본다.

③ 쿠키의 색상도 상당히 중요하다. 너무 오래 구우면 어떤 색상은 없어지고 설탕의 부분적인 캐러멜화가 일어나 껍질색이 불균일해지며, 너무 진한색이 되어도 시각적 효과가 떨어질 뿐 아니라 맛과 향도 해친다. 쿠키에 마무리 장식을 하는 것은 맛을 보강하면서 시각적 효과를 높여 고객으로 하여금 구매의욕을 높이는데 목적이 있으며 그 중에서도 초콜릿에 담가 마무리 하는 게 가장 흔하다.

이러한 특징을 종합하여 비스킷을 정의해 보면 '비스킷은 밀가루를 주원료로 하여 당류 및 유지류, 팽창제 등의 부 원료를 첨가하여 반죽한 다음 일정 모양으로 성형하여 오븐에서 구워 다공질화 시킨 과자'라고 할 수 있겠다.

끝으로 비스킷은 과자의 대명사로 불리어지고 있지만 이에 속하는 것으로는 크래커, 파이, 웨하스, 건빵, 전병 등이 있으며 이런 것들의 구분은 정확하지 않다. 이유는 디저트의 다양함과 중간 과자 등의 개발 때문이며 빵, 과자, 디저트 등의 구분은 앞으로 더 어려울 것으로 생각된다.

13) 셔벗 Sherbet

셔벗은 냉동 디저트이다. 셔벗은 원래 중국이 원조인데 이탈리아인에게 가르쳐 주었고 그것을 이탈리아인은 페르시아인들에게 알려 주었다 한다. 그 후 우유와 크림이 들어간 것은 18세기 후반에 등장하게 되었다.

불어로 소르베(Sorbet)는 소르베토(Sorbetto)라는 말이 불어화하여 변한 것인데 원래 의미는 음료에 해당하는 Chrbet라는 터키어와 Charab이라는 아랍어에서 파생된 것이라는 설도 있다.

셔벗은 아이스크림과 비교해 우선 많이 달지 않고 먹은 후 뒷맛이 깨끗한 것이 특징이다. 셔벗은 저칼로리에 시원하고 깨끗하며 상쾌한 맛의 특징을 가져 호텔이나 레스토랑의 식사에서 중간코스나 디저트에 많이 사용된다. 셔벗의 당도는 여러 나라 사람들의 입맛에 따라 차이가 있으므로 18~26도를 기준으로 한다.

또 셔벗은 먹을 수 있는 모든 과실을 다 이용할 수 있다. 셔벗 종류는 식사코스 중 특히 생선코스 다음에 제공되는데 이는 소화를 돕고 입맛을 상쾌하게 한다. 셔벗은 어떤 과일과 양주를 사용하느냐에 따라 맛이 크게 달라지는데 만들 때 당도계를 사용함으로써 좀더 부드럽고 맛있는 셔벗을 만들 수 있다. 셔벗에 사용한 과일을 셔벗을 담는 그릇으로 사용하여도 세련된 냉과로 인기를 끌고 있다.

셔벗은 설탕, 물, 과일 산, 과실 및 과실 향료, 안정제를 주원료로 하여 냉동시킨 제품으로 진한 풍미보다 청량감이 우선한다는 점에서 통상적인 아이스크림과 구별된다. 그러나 근래에 들어와서는 우유와 크림을 첨가하여 일반 아이스크림의 맛에 원래 셔벗의 물리적 특성을 조화시키려는 경향이 두드러지고 있다.

셔벗과 빙과는 아이스크림과는 달리 다음과 같은 특징이 있다.

① 0.35% 이상의 유기산 함유

② 중량률(셔벗은 35~45%, 빙과는 25~30%)이 낮음

③ 설탕 함량은 25~45%로 높아 빙점이 낮음

④ 조직이 거칠음

⑤ 유고형분의 함량이 낮음

셔벗과 비슷한 디저트로는 그라니테(Granite)가 있는데 술이나, 과일즙을 팬에 얼려서 수저로 긁어 컵에 담아 제공하기도 하고 셔벗을 그라니테와 같이 고객에게 제공하기도 한다.

특히 찬 디저트는 과일즙을 진하게 해야 하는데 너무 딱딱하게 얼리면 그 맛이 떨어진다. 그래서 아이스크림이나 셔벗은 냉동고에서 미리 꺼내 실내온도에 보관하여 얼렸던 것이 조금 높았을 때 서빙을 하여야 입에 닿는 감촉이 부드러워져 입맛을 돋울 수 있으며 풍미도 살아난다.

14) 아이스크림 Ice Cream

아이스크림은 주원료인 크림에 각종 유제품, 예를 들면 유지방, 우유, 탈지분유, 설탕, 향료, 유화제, 안정제 및 색소 등을 첨가하여 동결시켜 만든 빙과의 하나이다.

아이스크림은 공기를 균일하게 혼합하여 만들었기 때문에 매우 부드럽고 영양가가 높다. 처음에는 후식으로 이용되어 왔으나 지금은 기호식품의 하나로 애용되고 있다. 또 100g당 열량이 200칼로리나 되는 고열량식이기 때문에 간식, 유아식, 환자식으로 이용되고 있다.

아이스크림의 분류

아이스크림은 제조방법에 따라 혹은 법적 분류에 따라 나눌 수 있는데 나라마다 성분규격과 정의가 조금씩 다르다.

예를 들면 유지방이 6% 이상, 무지유고형분 10% 이상인 것을 아이스크림, 유지방 2% 이상, 무지유고형분 5% 이상을 아이스밀크로 정의하는 것 등이 그 예이다.

이 밖에도 제조 방법에 따라서 소프트 아이스크림, 하드 아이스크림으로 나누어지며 배합에 따라 가장 기본이 되는 플레인 아이스크림, 노른자를 많이 배합해 만든 커스터드 아이스크림 등 매우 다양하다.

소프트 아이스크림이란 모든 재료를 프리저(Freezer)에 넣어 제조한 것을 영하 7℃에서 오버런을 30~50%로 반경화시켜 만든 것으로 반유동체 형태로 적당한 용기에 담아 그대로 판매하는 아이스크림이다. 일반적으로 저지방(2~6%) 아이스크림이 많다.

하드 아이스크림은 재료의 배합, 살균, 균질, 냉각, 숙성, 동결 과정을 거쳐 생산하는 아이스크림으로 영하 17~20℃에서 오버런을 보통 100%정도로 경화시킨 아이스크림이다. 보통 가공원료나 배합하는 재료에 따라 여러 가지 아이스크림이 생산되며 대부분의 아이스크림이 여기에 속한다.

아이스크림의 재료와 그 기능

아이스크림 제조에 사용되는 원료는 크게 유제품과 비유제품으로 나눌 수 있으며 유제품의 원료는 거의 모든 유제품이 사용되고 비유제품의 원료에는 설탕, 물엿, 안정제, 유화제, 향료 , 각종 과실류 등이 사용된다.

① 우유 및 유제품

아이스크림을 제조 원료 상으로 구분하면 크림, 무염버터, 버터오일과 같이 지방이 풍부한 식품, 무당연유, 가당연유, 탈지가당연유, 분유, 탈지분유와 같이 무지유 고형분이 풍부한 식품, 그리고 우유, 탈지유와 같이 유지방 및 무지유 고형분이 낮은 식품으로 나눌 수 있다. 이러한 식품들의 유지방 (Milk Fat)은 조직을 부드럽게 해주고 아이스크림의 맛과 향에 큰 영향을 미친다.

② 감미료

아이스크림에 감미를 줌과 동시에 제품의 조직을 향상시키며 재료의 균형을 잡아 주는 안정작용을 한다.

단, 너무 많이 사용하면 빙점이 낮아져 동결하는 데 시간이 오래 걸린다. 감미료로 가장 많이 사용하는 것은 설탕이며 이 밖에 포도당, 단풍당, 물엿, 전화당 등이 사용되며 사용시에는 설탕의 20%정도 이내로 사용하는 것이 좋다.

③ 안정제(Stabilizer)와 유화제(Emulsifier)

안정제는 아이스크림의 조직을 부드럽게 하고 거친 얼음 결정이 생기는 것을 억제하는데 흔히 젤라틴, 한천, 천연검, 펙틴, 옥수수 전분, 알킨산나트륨 등이 사용된다.

유화제는 아이스크림 배합시 거품이 생기는 성질을 개선해 주고 제품을 단단하게 하며 조직을 더 부드럽게 하는 역할을 하는데 주로 인지질, 글리세린 지방산에스텔 등이 사용된다.

④ 향료 및 색소

아이스크림에 사용되는 향료 중 가장 많이 사용되는 것은 바닐라이며 이 밖에 초콜릿, 딸기, 커피, 오렌지, 레몬, 바닐라, 파인애플, 복숭아 등 천연 또는 합성향료가 쓰인다.

신선한 과일을 그대로 사용할 때는 설탕과 함께 12~24시간 숙성시킨 뒤 사용하며 건과류는 수분을 없애고 미생물을 없애기 위해 볶아서 사용한다.

15) 디저트 소스 Dessert Sauce

디저트의 소스는 원래 라틴어로 'sal'(소금을 뜻한다)에서 유래된 것인데 소스를 만들 때는 감미, 산미, 수분을 더해 주며 색감을 이용한 시각적이고 미각적인 효과를 추구하며 새로운 맛을 내게 함으로써 디저트를 한층 돋보이게 하는 것이 소스이다. 특히 당도가 낮은 시큼한 과일의 경우는 크림 앙글레즈(Cream Anglaise)나 사바용(Sabayon)과 같은 감미로운 맛의 소스와 함께 제공하는 것이 가장 좋다. 이런 소스들은 과일의 신맛을 감소시키기 때문이다. 그리고 케이크나 페이스트리와 같이 단 디저트에는 달지 않고 졸여서 응결시킨 산미가 나는 소스를 곁들이는 것이 좋다. 소스는 향기와 맛과 색깔의 3요소로 이루어진 복합물이기 때문에 소스를 만드는 과정은 획일한 맛과 풍미의 완벽한 조화를 요구한다.

디저트의 색이 좋지 않은 무스 디저트에는 화려한 소스를, 파이 디저트에는 부드러운 소스 등으로 디저트와 소스의 변화를 주는 것이 매우 중요하다.

디저트에 많이 쓰이는 술의 사용에 대해 정리해 보면 디저트 소스를 만들 때 많이 사용하는 것은 리큐르의 증류주인데 종류가 다양하다. 리큐르는 증류주에 약초, 색소, 알코올을 첨가한 향미성분을 배합하여 취향이 다른 술로 제조한 것의 하나이다. 18세기 이후 과일 향의 술을 만들고 여성의 취향에 맞추어 색을 착색한 술이 나오면서 '액체의 보석'이라고까지 했다. 리큐르는 약초(Herb) 향신료 (Spice)계, 과일계, 종자계, 특수계로 나눌 수 있다.

약초 향신료계는 원래 설탕이 없을 때는 단맛이 없고 약냄새가 나는 술이었다. 지금도 프랑스, 이탈리아는 맛을 최고로 내는 반면 독일은 약효용의 추구가 우선이고 다음으로 맛이라는 점이 차이가 있다.

소스로 만든 리큐르는 과일계에 가장 많으며 디저트로 식사 마무리에 이용된다. 근대의 미학적 요청에 의하여 탄생되었다고 할 수 있다.

최근에 와서는 몇 가지 후식 소스에 대한 새로운 개념이 도입되고 있다. 즉 요리에서 버터의 사용을 가급적 억제하는 것처럼 후식에서는 지나친 감미를 삼가는 대신 천연과일, 과일향을 사용하며 가급적 덜 기름진 소스의 사용과 신선한 향신료의 사용이 점차 늘고 있다.

시럽(syrup)소스는 대개 과일이 주종을 이루고 있는데 녹말로 달콤하게 만든 퓌레(Puree)와 즙이 있으며 그 중 살구 소스가 많이 이용되고 있다.

이에 따르는 소스를 재료별로 구분하면 크림 소스와 리큐르 소스로 크게 구분할 수 있다. 리큐르 소스는 알코올이나 과일즙을 주재료로 사용한 시럽 소스가 모체 소스가 된다. 크림 소스의 계통은 계란, 우유 등이 주재료가 되며 엥글레이즈(Angl Siseaude)가 모체 소스로 많은 파생 소스를 만드는 토대가 되고 있다. 그리고 이 소스는 영국에서는 커스터드(Custard)라고 칭한다.

[illegible] Techniques & Dessert

레몬 바바로이즈

요점 정리 및 키포인트

1. 식기전에 젤라틴을 넣어 녹여준다.

2. 중탕을 너무 오래 하지 않는다.

3. 몰드에서 빼낼 때 따뜻한 물을 이용하여 빼준다.

학습목표

1. 새콤한 레몬맛의 젤리와 바바로이즈를 만든다.

2. 생산량 : 약 10개

3. 모양 : 푸딩컵 모양

요구사항

1. 식기전에 젤라틴을 녹여준다.

2. 중탕을 너무 오래하지 않는다.

3. 몰드에서 빼낼 때 따뜻한 물을 이용하여 빼준다.

레몬젤리

1. 레몬쥬스, 물, 설탕을 넣고 한번에 끓여준다.
2. 끓인 1번에 물에 불린 젤라틴을 넣고 섞어준다.
3. 몰드에 약 0.5cm정도 부어준 후 냉동실에서 식혀준다.

바바로이즈

1. 레몬쥬스, 제스트, 노른자, 설탕, 우유를 되직해질 때 까지 중탕을 해준다.
2. 휘핑크림을 크림화 한다.
3. 중탕해준 1번과 휘핑크림을 섞어준다.
4. 굳힌 젤리 몰드에 약 8부가량 부어준 후 바닥에 쳐서 수평을 맞춰준다.
5. 냉동고에서 식혀준 후 몰드에서 빼내준다.

레몬바바로이즈

INGREDIENTS	W/MEASURES
우유	240g
레몬 제스트	1ea
노른자	8ea
설탕	300g
레몬쥬스	100g
젤라틴	36g
휘핑크림	600g

레몬쥬스

INGREDIENTS	W/MEASURES
레몬쥬스	100g
젤라틴	16g
물	60g
설탕	60g

휘폰

INGREDIENTS	W/MEASURES
슈가파우더	100g
흰자	100g
버터	100g
밀가루	100g

와퍼

INGREDIENTS	W/MEASURES
박력분	50g
설탕	200g
캐슈넛 가루	100g
오렌지 쥬스	40g
버터	100g

발렌시아

요점 정리 및 키포인트

1. 무스 오 쿠앵트로를 굳힌 후 쇼콜라 무스를 채운다.
2. 젤라틴은 찬물에 불려서 녹여 사용한다.
3. 생크림은 80%정도 휘핑한다.

학습목표

1. 두 가지 맛이 나는 무스 케이크를 만든다.
2. 생산량 : 36X57 / 높이 4.5cm 카트로 1개분
3. 모양 : 원형

요구사항

1. 쇼콜라 무스가 굳은 다음에 무스 오 쿠앵트로를 채운다.
2. 젤라틴은 찬물에 불려서 녹여 사용한다.
3. 생크림은 80%정도 휘핑한다.

비스퀴 조콩드 쇼콜라

1. 믹서볼에 T.P.T와 박력분을 넣고 골고루 섞는다.
2. 계란양의 1/2를 넣고 비터로 섞는다.
3. 나머지 계란을 조금씩 넣어가며 반죽에 끈기가 생길 때까지 비터로 섞어준다.
4. 코코아 파우더를 섞은 체온정도의 녹인 버터를 3에 넣고 섞는다.
5. 튼튼하게 휘핑한 머랭을 넣어 손으로 섞는다.
6. 실패트를 깐 철판에 반죽을 630g씩 평평하게 펴고260/240℃ 오븐에서 5~6분간 굽는다.

무스 오 쿠앵트로

1. 볼에 노른자, 설탕을 넣어 섞은 후 우유를 20% 섞는다.
2. 냄비에 나머지 우유, 바닐라빈, 5mm로 자른 오렌지 필을 넣고 끓인다.
3. 1의 노른자를 2에 조금씩 넣으면서 거품기로 잘 섞는다.
4. 다시 강한 불에서 거품기로 섞으면서 84[℃까지 온도를 올려준 다음 불에서 내린다.
5. 물에 불려놓은 젤라틴을 넣어 녹인 다음 얼음물에 식힌다.
6. 어느 정도 식으면 쿠엉트로를 넣고 다시 식힌다.
7. 식어서 걸쭉하게 되면 휘핑한 생크림에 넣어 섞는다.

무스 오 쿠앵트로

INGREDIENTS	W/MEASURES
우유	640g
바닐라 빈	1ea
오렌지 필	200g
노른자	19ea
설탕	404g
젤라틴	30g
쿠앵트로	100g
생크림	640g

무스 오 쇼콜라

1. 노른자와 계란을 풀어 약간 거품을 낸다.
2. 설탕과 설탕의 1/3 분량인 물을 넣고 121℃까지 시럽을 끓인다.
3. 끓인 시럽을 1의 노른자에 천천히 부어주면서 믹서로 휘핑한다.
4. 체온 정도로 식을 때까지 계속 고속으로 휘핑하면서 완전히 휘핑된 파트 아 봉브를 만든다.
5. 찬물에 불려 녹인 젤라틴을 4에 섞는다.
6. 휘핑한 생크림을 5에 넣어 섞는다.
7. 50~55℃로 녹인 초콜릿을 6에 넣고 거품기로 섞는다.

비스퀴 조콩드 쇼콜라

INGREDIENTS	W/MEASURES
T.P.T	920g
박력분	130g
계란	12ea
버터	100g
코코아파우더	108g
흰자	12ea

마무리

1. opp필름을 깐 철판 위에 카트르를 올리고 필름 위에 오렌지 필(분량 외)을 골고루 놓는다.
2. 무스 오 쿠앵트로를 넣고 평평하게 편 다음 비스퀴 조콩드 쇼콜라를 깔아 급속냉동시킨다.
3. 다시 그 위에 무스 오 쇼콜라를 넣고 평평하게 편 다음 비스퀴 조콩드 쇼콜라를 덮어 급속냉동시킨다.

쇼콜라 무스

INGREDIENTS	W/MEASURES
노른자	8ea
설탕	240g
젤라틴	10g
생크림	700g
다크초콜릿	280g

아몬드 파나코타

요점 정리 및 키포인트

1. 아몬드를 전처리 해준다.
2. 아몬드를 오래 넣어두면 향과 맛이 깊게 우러나온다.
3. 실온에서 식혀주면 향이 더 강해진다.

학습목표

1. 아몬드의 고소한 맛과 향이 나는 제품을 생산한다.
2. 생산량 : 약 10개
3. 모양 : 푸딩컵 모양

요구사항

1. 아몬드를 전처리 해준다.
2. 아몬드를 오래 넣어두면 향과 맛이 깊게 우러나온다.
3. 실온에서 식혀주면 향이 더 강해진다.

아몬드 파나코타

1. 아몬드를 오븐에 구워준다.
2. 설탕, 생크림, 우유를 끓여준 후 구운 아몬드 슬라이스를 넣고 우려낸다.
3. 불린 젤라틴을 넣어주고 상온에서 충분히 식혀준다.
4. 아몬드를 체로 걸러낸 후 몰드에 채워준다.
5. 냉장고에 넣어 굳힌다.

아몬드 파나코타

INGREDIENTS	W/MEASURES
생크림	500g
우유	370g
설탕	150g
젤라틴	30g
아몬드 슬라이스	80g

에그 타르트

요점 정리 및 키포인트

1. 전 재료를 다 섞어준다.
2. 타지 않도록 주의하면서 구워낸다.
3. 반죽을 깔아준 후 깨끗하게 잘라낸다.

학습목표

1. 계란노른자의 진한맛과 고소함을 느낄 수 있는 제품을 만든다.
2. 생산량 : 24개
3. 모양 : 원형

요구사항

1. 전 재료를 다 섞어준다.
2. 타지 않도록 주의하면서 구워낸다.
3. 반죽을 깔아준 후 깨끗하게 잘라낸다.

도우

1. 전 재료를 넣고 한 덩어리가 되도록만 믹싱을 해준 후 일정한 두께로 밀어펴 냉장고에서 충분히 휴지를 시켜준다.

필링

1. 전분을 제외한 전 재료를 넣고 끓여준다.
2. 재료들이 살짝 끓기 시작하면 전분을 넣어준 후 걸쭉한 되기로 맞춰준 후 찬물로 중탕하며 식혀준다.
3. 휴지시킨 도우 반죽을 약0.2mm 정도로 밀어 펴준 후 틀을 이용해 모양을 찍어낸다.
4. 머핀팬에 반죽을 넣고 충전물을 반죽 높이만큼 채워준다.
5. 180/180℃오븐에서 약 20분가량 구워준다.

필링

INGREDIENTS	W/MEASURES
전분	40g
우유	500g
휘핑크림	500g
노른자	500g
버터	35g
바닐라 에센스	2g

도우

INGREDIENTS	W/MEASURES
중력분	450g
버터	375g
물	131g
계란	2ea
소금	4g

즐레 드 프랑부아즈

요점 정리 및 키포인트

1. 팬에 산딸기 젤리를 묻혀준 후 과일을 올려준다.
2. 산딸기를 젤리를 완전히 굳힌 후 코코넛 무스를 채워준다.

학습목표

1. 산딸기의 새콤한 맛과 코코넛의 달콤하고 부드러운 맛의 젤리를 만든다.
2. 생산량 : 15개
3. 모양 : 사바랭컵

요구사항

1. 팬에 산딸기 젤리를 묻혀준 후 과일을 올려준다.
2. 산딸기를 젤리를 완전히 굳힌 후 코코넛 무스를 채워준다.

산딸기 젤리

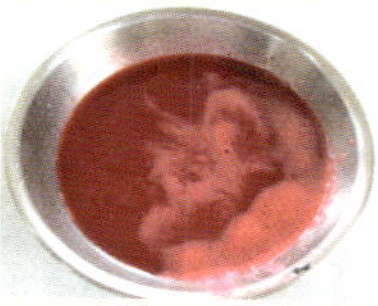

1. 물과 설탕을 넣어 70℃까지 데운 후 불려둔 젤라틴을 넣고 섞는다.
2. 체에 걸러 40℃까지 냉각시킨 후 산딸기 퓌레, 리큐르를 넣고 섞은 후 체에 거른다.
3. 사바랭틀에 부어 잠시 후 따라내어 막을 형성한 후 그 위에 산딸기, 체리 블랙베리를 넣고 걸쭉한 상태의 젤리를 다시 부어 냉각시킨다. (70%까지)

코코넛무스

1. 설탕, 코코넛 밀크를 70℃로 데워 젤라틴을 넣고 녹여 20℃로 식혀 리큐르를 넣고 휘핑크림을 2번에 나누어 넣고 잘 섞는다.
2. 완전히 굳힌 산딸기 젤리위에 코코넛 무스를 채운 후 냉동에서 굳히고 꺼내어 뒤집어 과일과 와인젤티를 잘라 장식한다.

프랑부아즈 젤리

INGREDIENTS	W/MEASURES
프랑부아즈 퓌레	300g
설탕	60g
물	300cc
판 젤라틴	15g

와인젤리

INGREDIENTS	W/MEASURES
백포도주	150cc
설탕	80g
물	150g
젤라틴	10g
레몬과즙	5cc

와인젤리A 코코넛 무스

INGREDIENTS	W/MEASURES
코코넛 밀크	75g
설탕	150g
젤라틴	6g
코코넛 리큐르	8g
휘핑크림	125g

데코레이션

INGREDIENTS	W/MEASURES
냉동블랙베리	100g
레드체리	300g
박하잎	4g
냉동산딸기	100g

체리 초콜릿 무스 케이크

요점 정리 및 키포인트

1. 초콜릿 제노아즈를 만든다.
2. 화이트 초콜릿 무스를 만든다.
3. 바닥에 체리 파이 필링과 초콜릿 무스를 격자무늬로 짜준다.

학습목표

1. 체리 파이 필링과 초콜릿 맛이 나는 부드러운 무스 케이크를 만든다.
2. 반죽법 : 무스 믹싱 법
3. 생산량 : 49 × 33 × 5.7cm 정사각형 1팬
4. 모 양 : 사각형

요구사항

1. 휘핑크림은 70%만 휘핑한다.
2. 초콜릿 무스와 체리 파이 필링을 격자무늬로 짜준다.
3. 제노아즈를 올리고 나머지 초콜릿 무스로 채워 굳힌다.
4. 틀 제거 후 코코아 분말 또는 초콜릿 쉐빙을 뿌려준다.

제노와즈

1. 계란을 풀어 준 후 설탕, 물엿, 소금을 넣고 휘핑한다.
2. 박력분과 코코아 가루를 체에 내려 넣고 고르게 섞어서 팬닝한다.
3. 윗불 190℃, 밑불 180℃에서 15분간 구워준다.

화이트 초콜릿 무스

1. 초콜릿을 잘게 다져서 녹여준다.
2. 커스타드 크림에 녹인 초콜릿을 섞어준고 젤라틴을 섞는다.
3. 70% 위핑한 생크림을 섞어준다.

마무리

1. 사각 무스 틀에 제노와즈를 깔고 시럽을 바른다.
2. 초콜릿 무스와 체리파이 필링을 격자 모양으로 짜준다.
3. 제노아즈를 올리고 시럽을 바른다.
4. 나머지 초콜릿 무스를 채워서 냉동에서 굳힌다.
5. 굳은 후 틀을 제거하고 초콜릿 쉐빙을 올려준다.

제노아즈

INGREDIENTS	W/MEASURES
전란	18ea
설탕	550g
박력분	200g
코코아 분말	150g
물엿	50g
소금	2.5g

화이트 초콜릿 무스

INGREDIENTS	W/MEASURES
커스타드 크림	333g
판 젤라틴	10g
화이트 초콜릿	400g
휘핑크림	800g
그랑마니에	50g

레몬시럽

INGREDIENTS	W/MEASURES
물	500g
레몬	3ea
설탕	500g
럼	50g

커스타드 크림

INGREDIENTS	W/MEASURES
크리미비트	100g
우유	266g
체리파이 필링	1200g
밀크 초콜릿 쉐빙	600g

초콜릿 마스카포네 무스

요점 정리 및 키포인트

1. 젤라틴은 찬물에 불려서 사용해준다.
2. 초콜릿이 잘 녹도록 잘게 다져준다.
3. 치즈와 설탕을 완전히 녹이지 않는다.

학습목표

1. 마스카포네의 치즈맛과 다크초콜릿의 쌉싸름한 맛이 잘 어울리는 시원한 무스를 만든다.
2. 생산량 : 소형무스틀 10개
3. 모양 : 원형

요구사항

1. 젤라틴은 찬물에 불려서 사용해준다.
2. 초콜릿이 잘 녹도록 잘게 다져준다.
3. 치즈와 설탕을 완전히 녹이지 않는다.

다크초콜릿 무스

1. 물과 물엿을 끓여준 후 다크초콜릿에 넣어 녹여준다.
2. 1번에 젤라틴을 넣고 녹여준다.
3. 휘핑크림을 넣고 섞어준다.

초콜릿 무스

INGREDIENTS	W/MEASURES
다크초콜릿	250g
물	75g
물엿	50g
젤라틴	6g
휘핑크림	500ml

마스카포네 크림

1. 치즈와 설탕을 휘핑기로 섞어주되 완전히 녹이진 않는다.
2. 우유를 살짝 데워준 후 젤라틴을 녹여준다.
3. 휘핑크림을 올린 후 섞어준다.

마스카포네 크림

INGREDIENTS	W/MEASURES
마스카포네 치즈	250g
설탕	150g
우유	100g
젤라틴	4g
휘핑크림	300ml

마무리

1. 몰드에 마스카포네 크림을 채워준 후 초콜릿무스를 채워준 다음 냉동실에서 굳혀준다.

크랩수젯트

요점 정리 및 키포인트

1. 크랩반죽은 버터가 잘 섞이도록 저어서 사용한다.
2. 크랩은 최대한 얇게 부친다.
3. 후람베 소스는 신맛이 나지 않도록 졸여준다.
4. 과일은 바나나 및 복숭아 등 여러 가지 과일을 응용 할 수 있다.
5. 뜨거운 상태에서 서빙한다.

학습목표

1. 새콤달콤하고 부드러운 맛의 팬케이크 및 차가운 아이스크림과 뜨거운 소스의 맛을 느낄 수 있다.
2. 생산량 : 약 17인분
3. 모양 : 부침 모양

요구사항

1. 소스의 농도를 걸죽하게 졸인다.
2. 크랩은 얇게 부쳐낸다.
3. 과일을 소스에 살짝 졸여서 낸다.

크랩팬케이크

1. 계란과 설탕을 풀어준다.
2. 우유와 섞은 후 중력분, 소금을 넣고 완전히 섞이도록 저어준다.
3. 녹인 버터를 넣고 섞는다.

4. 반죽상태는 아주 질은 상태이고, 우유로 농도 조절한다.

5. 후라이팬에 기름기를 완전히 제거하고 아주 약한불 위에 올린다.

6. 반죽을 한 국자 떠서 팬에 넣고 아주 얇게 핀다.

7. 윗부분에 물기가 마르기 시작하면 뒤집어서 아주 엷은 브라운색 무늬가 나도록 굽는다.

* 구운색이 진하지 않게 하고 약한 불에서 질기지 않도록 짧게 굽는다.

크랩팬케이크

INGREDIENTS	W/MEASURES
중력분	200g
계란	5ea
녹인버터	112g
우유	500g
설탕	55g
소금	1.3g

후람베 소스

1. 설탕과 버터를 녹여 덩어리가 없게 하고 약한불에서 브라운색이 나도록(카라멜) 졸인다.

2. 너무 진한색은 설탕이 타서 쓴맛이 나므로 조심한다.

3. 나머지 쥬스를 다 넣고 약한 불에서 소스 정도의 농도가 되도록 졸인 후 그랑마니에를 넣고 살짝 끓여서 내린다.

4. 바나나 및 복숭아캔 등을 넣고 졸여서 사용한다.

후람베소스

INGREDIENTS	W/MEASURES
버터	120g
설탕	100g
파인쥬스	50g
오렌지쥬스	150g
후레쉬 레몬쥬스	반개분(g)
그랑 마니에	20g

마무리

1. 구워낸 팬케이크에 바나나를 썰어서 깔고 그 위에 아이스크림을 얹고 길게 말아서 그 위에 후람베 소스를 부어준다.

2. 4등분으로 접은 팬케이크 위에 아이스크림 한 덩이를 얹고 후람베 소스에 바나나를 잘라(껍질제거) 넣고 굴려서 살짝 익힌 후 브랜디 1TSP을 넣으면 팬 위에 불꽃이 튄다. 이때 팬케이크 위에 부어 내준다.

3. 팬케이크 없이 소스에 바나나만 익혀서 아이스크림과 같이 먹어도 좋다.

* 후람베는 냉동과자에 고열과자를 혼합한 과자로 최고급 레스토랑에서만 앉은 자리에서 서비스를 받는 환상적인 맛과 분위기를 연출한다.
* 소스는 뜨겁게 내주는 것이 좋다.
* 과일은 복숭아, 사과, 배 등 여러 가지를 응용할 수 있다.

크림 카라멜

요점 정리 및 키포인트

1. 카라멜 색을 너무 진하거나 흐리게 하지 않는다.
2. 카라멜을 끓인 후 알맞은 색이되면 냄비를 찬물에 담구어 열을 식힌다.
3. 끓인 카라멜에 찬물을 조금 부어서 농도를 맞춘다.
4. 중탕으로 오븐에서 익힌다.

학습목표

1. 카라멜을 알맞은 색으로 끓여서 약간 쌉쌀한 맛을 내고 부드러운 크림 카라멜을 만든다.
2. 생산량 : 약 20인분
3. 모양 : 푸딩컵 모양

요구사항

1. 알맞은 칼라의 카라멜을 만든다.
2. 설탕과 계란을 거품없이 풀어서 따뜻한 우유와 섞는다.
3. 중탕으로 익힌다.

크림 카라멜

1. 오븐을 상하 160℃로 맞추어 놓는다.
2. 푸딩컵 안쪽에 버터를 살짝 발라준다.
3. 손잡이 냄비에 설탕과 물을 넣고 160℃로 끓여서 카라멜을 황금색이 나도록 만든 다음 찬물을 조금 부어서 농도를 맞춘다.
4. 푸딩컵에 뜨거운 카라멜을 조금씩 부어 바닥 전체에 얕게 깔리도록 돌려준다.
5. 우유를 거의 끓기 직전까지 열을 가한 후 부에서 내려 설탕과 계란을 거품이 생기지 않도록 섞은 것을 우유에 넣고 섞은 후 바닐라 에센스를 섞어준 다음 체에 걸러준다.
6. 푸딩컵에 70%정도 채운다.
7. 철판에 컵을 팬닝한 후 뜨거운물을 몰드에 50%까지 채운 후 오븐에서 40~50분간 구운 후 꺼내어 식힌 후 냉장고에 보관한다.
8. 2시간 정도 후에 꺼너어 접시에 뒤집어서 빼낸다.

캐러멜

INGREDIENTS	W/MEASURES
설탕	200g
물	70g

커스터드 푸딩

INGREDIENTS	W/MEASURES
우유	1500g
설탕	254g
계란	12ea
바닐라 에센스	10ml

티라미슈 케이크

요점 정리 및 키포인트

1. 초콜릿 화이트 두 가지 비스퀴를 만든다.
2. 마스카포에 치즈와 크림치즈 두 가지로 크림을 만든다.
3. 비스퀴 위에 커피시럽을 충분히 적셔준다.
4. 냉동에서 얼린다.

학습목표

1. 크림치즈와 마스카포에 치즈가 섞인 부드러운 무스 크림을 만든다.
2. 맛이 느끼하지 않고 조직감이 부드러운 후식용 제품을 만든다.
3. 반죽법 : 무스 케이크 제조법
4. 생산량 : 2호 팬 4 팬
5. 모양 : 둥근 모양

요구사항

1. 두 가지 비스퀴를 만든다.
2. 비스퀴 위에 커피시럽을 충분히 적셔 준다.
3. 냉동 후 상단에 코코아 분말을 뿌려준다.

티라미슈 케이크

1. 화이트 비스퀴를 공립법으로 제조해 팬닝 후 윗불 190℃, 밑불 180℃에서 10~15분간 굽는다.
2. 초콜릿 비스퀴를 공립법으로 제조해서 철판에 팬닝 후 윗불 190℃, 밑불 180℃에서 10~15분간 굽는다.
3. 크림치즈와 마스카포에 치즈를 부드럽게 풀어준다.

티라미슈 크림

INGREDIENTS	W/MEASURES
노른자	12ea
설탕	212g
마스카포에 치즈	400g
크림치즈	400g
휘핑크림	600g
쿠앵트루	36g
바닐라	4g
레몬주스	20g
판 젤라틴	15g

화이트 비스퀴(1철판)

INGREDIENTS	W/MEASURES
계란	7ea
설탕	180g
박력분	120g
소금	2g
바닐라	2g

초콜릿 비스퀴(1철판)

INGREDIENTS	W/MEASURES
계란	7ea
설탕	200g
박력분	80g
코코아 분말	60g
물엿	10g
소금	2g

4. 노른자와 설탕을 미색이 나고 걸쭉해질 때까지 휘핑한다.

5. 휘핑한 노른자를 풀어준 크림치즈에 넣어 준 후 섞는다.

6. 녹인 젤라틴과 쿠앵트루, 레몬 주스를 넣고 섞는다.

7. 70% 휘핑한 생크림을 넣고 섞는다.

8. 커피에 물을 부어 녹인 후 시럽을 만든다.

9. 세라클 틀 바닥에 초콜릿 비스퀴를 깔고 시럽을 듬뿍 바른다.

10. 치즈크림을 2cm 정도로 채운다.

11. 화이트 비스퀴를 바닥용보다 1cm 작게 잘라서 올리고 커피시럽을 듬뿍 바른다.

12. 치즈크림을 채운다.

13. 치즈 크림을 평평하게 고른 후 냉동시킨다.

14. 냉동에서 꺼낸 후 틀을 제거하고 코코아 파우더를 뿌려준다.

한천(말차 밀크 젤리)

요점 정리 및 키포인트

1. 말차 가루가 덩어리 없도록 섞어준다.
2. 설탕을 완전히 녹여준다.
3. 틀에 물을 살짝 뿌려준다.
4. 한천은 완전히 녹여주지 않으면 덩어리가 져서 식감이 매우 나빠진다.

학습목표

1. 부드럽고 쌉싸름한 말차 맛을 느낄 수 있게 만든다.
2. 생산량 : 10개
3. 모양 : 푸딩 모양

요구사항

1. 말차 가루가 덩어리 없도록 섞어준다.
2. 설탕을 완전히 녹여준다.
3. 틀에 물을 살짝 뿌려준다.
4. 한천은 완전히 녹여주지 않으면 덩어리가 져서 식감이 매우 나빠진다.

한천(말차 밀크 젤리)

1. 냄비에 우유 1/2와 물을 넣고 분말 한천을 잘 섞은 다음 불에 올린다.
2. 끓으면 불을 낮춰 약 1분 정도 저어가면서 한천을 완전히 녹인다.
3. 설탕을 ②에 넣고 녹인다.
4. 40℃정도로 데운 나머지 우유에 말차를 조금씩 넣으면서 덩어리를 완전히 풀어준다.
5. ④에③을 넣어 섞은 다음 체에 거른다.
6. 물을 살짝 적신 틀에 채우고 냉장고에서 2~3시간 굳힌다.

한천

INGREDIENTS	W/MEASURES
한천	4g
우유	500g
물	100g
설탕	60g
말차	1Ts

단호박 치즈케이크

요점 정리 및 키포인트

1. 크림을 채워넣을 때 팬 높이만큼 채워준다.
2. 계란은 나누어서 넣어준다.
3. 팬에 반죽은 윗부분까지 잘라내준다.

학습목표

1. 호박의 고소함과 크림치즈맛이 잘 어울리는 치즈 케이크를 만든다.
2. 생산량 : 파이팬 2개
3. 모양 : 원형

요구사항

1. 크림을 채워넣을 때 팬 높이만큼 채워준다.
2. 계란은 나누어서 넣어준다.
3. 팬에 반죽은 윗부분까지 잘라내준다.

도우

1. 전 재료 믹싱 후 한 덩어리가 되면 일정한 두께로 밀어펴 냉동 휴지를 해준다.

호박퓨레

INGREDIENTS	W/MEASURES
호박퓨레	250g
크림치즈	400g
설탕	100g
계란	3ea
시나몬 파우더	4g

단호박 치즈케이크

1. 크림치즈, 설탕, 계란을 넣고 믹싱을 해준다.(계란은 나누어서 투입한다.)
2. 반죽이 풀어지면 퓨레, 시나몬 파우더를 넣어준다.
3. 휴지시킨 반죽을 꺼내어 밀어펴 팬에 깔아준다.
4. 호박퓨레를 채우고 오븐(180 ~ 190℃)에서 15~20분간 구어낸 다음 머랭으로 덮어주고 토치램프로 색을 내어 준다.

사브레도우

INGREDIENTS	W/MEASURES
버터	500g
슈가파우더	250g
소금	2g
계란	5ea
박력분	610g

녹차 무스 케이크

요점 정리 및 키포인트

1. 제누아즈 만들 때 계란 설탕을 40℃로 중탕 후 휘핑한다.
2. 생크림은 80%만 휘핑한다.
3. 무스속에 팥배기를 넣어준다.
4. -20℃ 냉동에서 굳힌다.

학습목표

1. 생산량 : 17인분
2. 모 양 : 소형 둥근모양

요구사항

1. 제노아즈 만들 때 계란과 설탕을 40℃로 중탕 후 휘핑한다.
2. 녹차 분말은 우유에 녹여서 사용한다.
3. 계란, 설탕 휘핑은 반죽을 찍어서 떨어뜨릴 때 일정한 간격을 유지하며 떨어질 때 까지 휘핑한다.
4. 팬닝 후 두께가 일정하게 펴서 굽는다.
5. 노른자는 설탕 휘핑하여 힘있게 만든다.
6. 휘핑한 노른자에 물에 불려 녹인 젤라틴을 넣고 고르게 섞어준다.

녹차 글라사주 만드는법

1. 모든 재료를 섞어서 10분정도 끓여 주면서 나무를 주걱으로 저어준다.

2. 맑은 초록색이 되고 떠올렸을 때 굵게 떨어지는 농도가 되면 케익위에 부어서 굳힌다.
3. 글라사주를 부어서 굳혀줘도 되고, 녹차가루를 뿌려줘도 된다.

녹차 제노아즈

INGREDIENTS	W/MEASURES
계란	1000g
설탕	700g
박력분	500g
콘스타치	100g
우유	150g
식용유	300g
녹차분말	30g

제누아즈

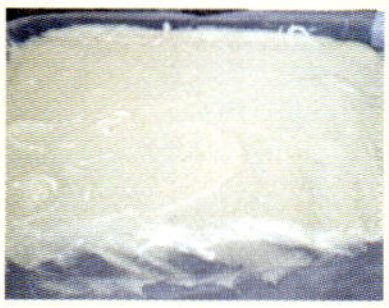

1. 계란, 설탕을 40℃로 중탕 후 휘핑한다.
2. 체친 가루 종류를 넣고 가볍게 섞은 후 우유와 식용유를 넣고 고르게 잘 섞어준다.
3. 반죽을 유신자를 깐 철판에 팬닝한다.
4. 윗불200℃ 밑불190℃에서 약 10분간 굽는다.

녹차무스

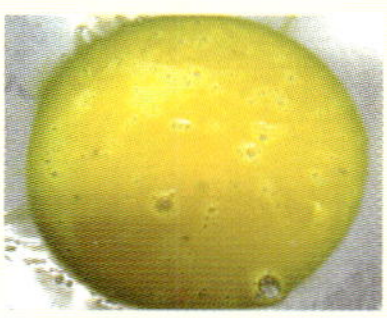

1. 젤라틴을 찬물에 불려 중탕으로 녹인다.
2. 노른자에 설탕을 넣고 힘있게 휘핑한다.
3. 녹인 젤라틴을 넣고 섞는다.
4. 물기를 뺀 팥 알갱이를 넣고 고르게 섞는다.
5. 생크림을 70~80% 휘핑한다.
6. 휘핑크림을 넣고 녹차가루와 리큐르를 섞어준다.

녹차 무스

INGREDIENTS	W/MEASURES
노른자	8ea
설탕	150g
젤라틴	20g
휘핑크림	1000g
녹차분말	20g
녹차리큐르	20g
팥배기	100g

마무리

1. 원하는 틀에 제노아즈를 바닥에 깔아준다.
2. 녹차 무스를 1/2 채운다음 시럽을 바른다.
3. 나머지 무스를 채운다.
4. 냉동에서 굳힌다.
5. 틀을 제거한 후 소스를 붓고 데코레이션 한다.

녹차 글라사주

INGREDIENTS	W/MEASURES
나파루	120g
살구잼	70g
녹차분말	30g

단호박 무스

요점 정리 및 키포인트

1. 단호박의 씨를 제거한다.
2. 단호박의 껍질을 제거한다.
3. 단호박은 삶아서 체에 거른다.
4. 생크림은 80%만 휘핑한다.

학습목표

1. 달콤하고 부드러운 맛의 단호박 무스를 만든다.
2. 생산량 : 22개
3. 모양 : 둥근모양

요구사항

1. 단호박의 씨를 제거한다.
2. 단호박의 껍질을 제거한다.
3. 단호박은 삶아서 체에 거른다.
4. 달콤하고 부드러운 맛의 무스를 만든다.
5. 젤라틴은 찬물에 불려둔다.

아몬드 비스퀴

1. 흰자와 설탕으로 머랭을 만든다.
2. 아몬드 분말과 중력분을 넣고 살살 섞은 후 팬닝하여 윗불 190℃ 밑불 180℃에서 10~15분간 굽는다.

단호박 무스

1. 단호박은 씨와 껍질을 제거한다.

2. 껍질 벗긴 단호박은 쪄서 체에 내린다.

3. 설탕에 물으 넣고 120℃까지 끓인 후 시럽을 만든다.

4. 흰자를 휘핑하면서 시럽을 넣고 휘핑한다.

5. 머랭을 90% 까지 힘있게 휘핑하여 이탈리안 머랭을 완성한다.

6. 젤라틴은 찬물에 미리 불려둔다.

7. 젤라틴은 물기를 제거한 후 중탕으로 녹인다.

8. 생크림을 80% 휘핑하여 놓는다.

9. 쪄서 체애 내린 단 호박에 녹인 젤라틴을 섞는다.

10. 휘핑크림을 넣고 섞는다

11. 이탈리안 머랭을 넣고 섞어준다.

12. 호박에 젤라틴 넣고 25℃정도로 석은 후 휘핑크림과 이탈리안 머랭을 넣고 섞는다.

13. 원하는 모양틀에 호박무스를 넣고 그 위에 비스퀴를 올린 후 굳힌다.

14. 틀을 제거한 후 무스를 접시에 꺼내 놓고 과일 등으로 장식한다.

15. 산딸기 소스와 오렌지 소스를 부려준다.

16. 단호박 무스에 크림치즈를 섞어주어도 좋다.

단호박 무스

INGREDIENTS	W/MEASURES
흰자	80g
설탕	130g
젤라틴	14g
호박퓌레	270g
생크림	270g
시나몬 파우더	3g
넛 메그	3g

산딸기 소스

INGREDIENTS	W/MEASURES
산딸기 퓌레	160g
설탕	50g
젤라틴	4g
레몬 쥬스	5g

오렌지 소스

INGREDIENTS	W/MEASURES
오렌지 쥬스	150g
설탕	50g
젤라틴	5g

로쉐

요점 정리 및 키포인트

1. 다쿠아즈를 만든다.
2. 무스 쇼콜라와 카페 크림을 만든다.
3. 마스카포네 무스를 만든다.
4. 팬에 마스카포네 무스를 부어 굳힌 후 무스 쇼콜라 카페를 부어준다. 그래야 두 가지 크림이 섞이지 않는다.

학습목표

1. 무스 쇼콜라 카페 크림과 마스카포네 무스를 동시에 맛볼 수 있는 제품을 만든다.
2. 반죽법 : 무스 제조법
3. 생산량 : 49 × 33 × 5.7 정사각 1팬
4. W모 양 : 직사각형

요구사항

1. 다쿠아즈 1팬을 팬에 고루 펴서 굽고 1팬은 대각선으로 짜서 호두와 당을 뿌려준다.
2. 무스 쇼콜라 카페를 만든다.
3. 마스카포에 무스를 만든다.
4. 밑에 크림이 굳은 후 나머지 크림을 올려야 두 가지가 섞이지 않는다.

다쿠아즈 누아

1. 설탕과 건조 흰자를 잘 섞어준다.
2. 흰자를 80% 휘핑 한 후 설탕을 넣고 튼튼한 머랭을 만든다.
3. 아몬드분말, 호두분말, 분당A를 넣고 함께 체 친 후 2에 넣고 손으로 고르게 섞어준다.
4. 준비된 60 ×40 정사각 팬 중 한 장에 반죽을 520g 팬닝해 고르게 펴서 굽는다.
5. 또 한 장에는 반죽을 짤주머니에 담아 대각선으로 짜 준다.
6. 준비된 호두 분태와 분당B를 뿌려준다(호두는 살짝 구워준다).
7. 윗불 190℃, 밑불 180℃ 온도에서 10~15분간 굽는다.

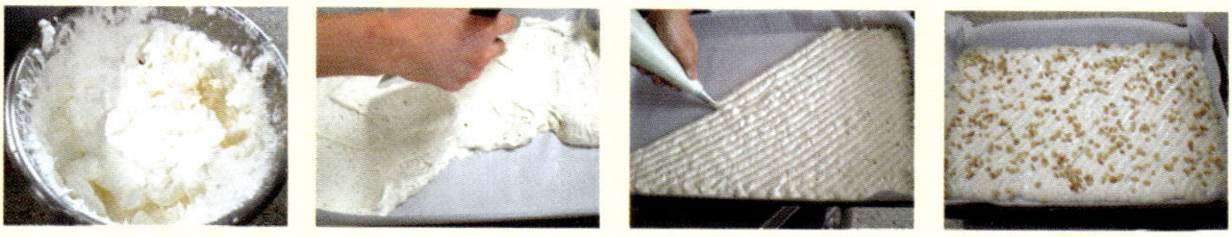

다쿠아즈 누아

INGREDIENTS	W/MEASURES
아몬드 분말	200g
호두분말	200g
분당 A	405g
흰자	486g
설탕	162g
건조 흰자	16g
호두 분태	70g
분당 B	67g

무스 쇼콜라 카페

1. 노른자를 약간 풀어 거품을 낸다.
2. 설탕과 설탕 량의 1/3의 물(60g)을 넣고 121℃가 되도록 끓여서 1에 천천히 부으면서 걸쭉해질 때까지 휘핑 한다.
3. 녹인 젤라틴을 넣고 섞은 후 인스턴트커피를 물에 푼 것을 넣고 80% 휘핑한 크림을 섞는다.
4. 40℃로 녹인 밀크 초콜릿을 넣고 섞어준다.

INGREDIENTS	W/MEASURES
노른자	5ea
설탕	180g
물	60g
젤라틴	12
휘핑크림	1333g
인스턴트 커피	16g
밀크 초콜릿	856g

마스카포네 무스

1. 노른자를 약간 풀어 놓는다.
2. 설탕과 설탕 량의 1/3의 물(110g)을 넣고 121℃가 될 때까지 끓인다.
3. 2를 1에 넣고 고속으로 휘핑 한다.
4. 녹인 젤라틴을 넣고 섞은 후 휘핑크림과 부드럽게 풀어둔 마스카포네 치즈를 넣고 고르게 섞어준다.

INGREDIENTS	W/MEASURES
노른자	10ea
설탕	347g
젤라틴	16g
마스카포네 치즈	666g
휘핑크림	666g

마무리

1. 철판에 정사각 틀을 올리고 평평하게 구워둔 다쿠아즈를 놓는다.
2. 무스 쇼콜라 카페를 붓고 평평하게 펴서 급속냉동 시킨다.
3. 그 위에 마스카포네 카페를 붓고 평평하게 한다.
4. 짤주머니에 짜서 구운 다쿠아즈 누아를 덮퍼 냉동시킨다.
5. 알맞은 크기로 잘라 분당을 뿌려준다.

만다린 바바로아와 산딸기 소스

요점 정리 및 키포인트

1. 생크림은 80%만 휘핑한다.
2. 젤라틴은 미리 찬물에 불려준다.
3. 노른자위를 힘있게 휘핑한다.

학습목표

1. 새콤하고 부드러운 바바로아를 만든다.
2. 생산량 : 33인분
3. 모양 : 둥근형

요구사항

1. 생크림은 80%만 부드럽게 휘핑한다.
2. 젤라틴은 찬물에 불린 후 녹인다.
3. 노른자는 연한 아이보리 색이 날 때 까지 거품 낸다.

만다린 바바로아

1. 만다린 쥬스, 설탕, 레몬쥬스, 우유를 넣고 끓인다.
2. 녹인 젤라틴을 넣은 후 그랑마니아를 넣는다.
3. 미지근하게 식은 후 80%휘핑한 생크림을 넣고 고르게 섞는다.
4. 플라스틱 무스티로 큐원형 틀을 만든다.
5. 바닥에비스퀴를 깔아준다.
6. 바바로이스를 채운 후 냉동에서 굳힌다.
7. 틀을 제거한 후 접시에 바바로이스를 올리고 키위소스나 산딸기 소스를 짜준 다음 데코레이션 한다.

만다린 바바로아

INGREDIENTS	W/MEASURES
생크림	500g
만다린 쥬스	400g
그랑 마니아	50g
젤라틴	30g
설탕	200g
레몬쥬스	1150ea
우유	150g

산딸기 소스

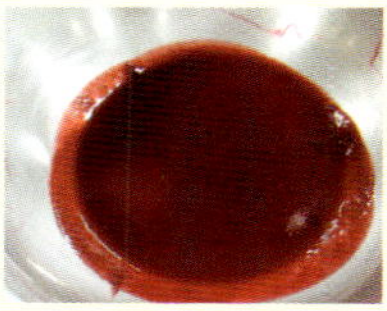

1. 키위 퓌레, 물, 설탕, 레몬쥬스를 넣고 한 번 끓인다.
2. 전분가루를 풀어서 넣고 한 번 끓인다.
3. 냉각 후 사용한다

산딸소스

INGREDIENTS	W/MEASURES
산딸기퓌레	200g
물	150g
설탕	50g
레몬쥬스	5g
전분가루	10g

망고 치즈 무스 케이크

요점 정리 및 키포인트

1 망고에 크림치즈를 넣어서 치즈 맛을 나게 한다.

2. 냉동해서 완전히 굳힌다.

3. 컵에 무스를 채운 후 굳힌다.

4. 망고 젤리를 채운 후 굳힌다.

학습목표

1. 치즈와 망고의 부드러운 맛을 살린 제품을 만든다.

2. 반죽법 : 무스케이크 믹싱 법

3. 분할량 : 1팬 655g

4. 생산량 : 라운드3호 3팬

5. 모 양 : 둥근 모양

요구사항

1. 아몬드 비스퀴를 둥글게 짜서 굽는다.

2. 망고 퓌레와 크림치즈를 섞는다.

3. 코팅용 젤리를 만들어 코팅한다.

4. 데코레이션 한다.

비스킷 조콩트

1. 계란, 분당, 아몬드 분말을 잘 섞어 휘핑한다.

2. 박력분을 섞은 후 녹인 버터를 섞는다.

3. 흰자와 설탕으로 힘 있는 머랭을 만들어 위의 반죽과 섞은 후 철판 1장에 팬닝하여 윗불 190℃, 밑불 180℃에서 10~15분 간 구운 후 냉각 시킨다.

4. 라운드 무스 팬 높이 보다 1cm 낮게 잘라 둔다.

아몬드 비스퀴

1. 흰자와 설탕으로 머랭을 만든 후

2. 중력분을 넣고 섞은 후

3. 19cm 4개, 17cm 4개로

4. 달팽이 모양으로 돌려서 짠 후

5. 윗불 190℃, 밑불 180℃에서 10~15분간 갈색이 날 때까지 구워 낸다.

망고 무스 크림

1. 설탕, 치즈크림, 우유를 섞어서 한번 끓여낸 후 체에 거른다.
2. 끓인 것을 불에서 내려 황란을 섞어준다.
3. 물에 불려 녹인 젤라틴을 넣고 섞는다.
4. 망고 퓌레를 넣고 고루게 섞는다.
5. 25℃ 정도로 식으면 80% 휘핑한 휘핑 크림을 넣고 섞는다.

코팅용 젤리

1. 물, 설탕, 물엿, 망고 퓌레를 은은한 불에서 잘 녹인 후 물에 불려 녹인 젤라틴을 섞어서 식힌 후 사용 한다.

마무리

1. 21cm 세라클 틀 옆면에 미리 잘라 둔 비스퀴 조콩트를 돌려 대준다.
2. 바닥에 19cm로 짜서 구워낸 아몬드비스퀴를 깔아 준다.
3. 시럽을 칠 해준다.
4. 망고 무스 크림을 1/2 채운다.
5. 아몬드 비스퀴 17cm짜리를 올리고 시럽을 칠한다.
6. 나머지 공간을 망고 무스 크림으로 채우고 스파츄라로 깨끗하게 고른다.
7. 냉동시켜서 꺼낸 흐 코팅용 젤리를 부어주고 데코레이션한다.

조콩트 비스켓

INGREDIENTS	W/MEASURES
계란	3ea
분당	118g
아몬드 파우더	32g
박력분	26g
버터	26g
흰자	7ea
설탕	65g

아몬드 비스퀴

INGREDIENTS	W/MEASURES
흰자	12ea
설탕	360g
아몬드 분말	225g
중력분	134g

코팅용 젤리

INGREDIENTS	W/MEASURES
물	200g
설탕	40g
물엿	40g
망고퓌레	200g
젤라틴	16g

망고무스크림

INGREDIENTS	W/MEASURES
설탕	240g
치즈크림	600g
우유	400g
계란 노른자	5ea
젤라틴	29g
망고퓌레	600g
휘핑크림	720g

산딸기 무스 케이크

요점 정리 및 키포인트

1. 요거트 맛이 날 수 있게 제조한다.
2. 이탈리안 머랭은 120℃ 시럽을 사용한다.
3. 젤라틴은 물에 불려 녹인 후 사용한다.
4. 생크림은 80%만 휘핑한다.

학습목표

1. 딸기맛과 요거트 맛이 어울어진 부드러운 무스의 맛을 살려 제조한다.
2. 생산량 : 30
3. 모 양 : 하트

요구사항

1. 요거트는 내추럴 또는 플레인 요거트를 사용한다.
2. 산딸기 퓌레와 요거트가 잘 섞이도록 한다.
3. 이탈리안 머랭은 힘있게 휘핑한다.
4. 생크림은 80%만 휘핑한다.
5. 산딸기와 요거트의 두가지 맛이 나게 만든다.
6. 이탈리안 머랭은 덩어리 없이 잘 섞는다.

산딸기 무스

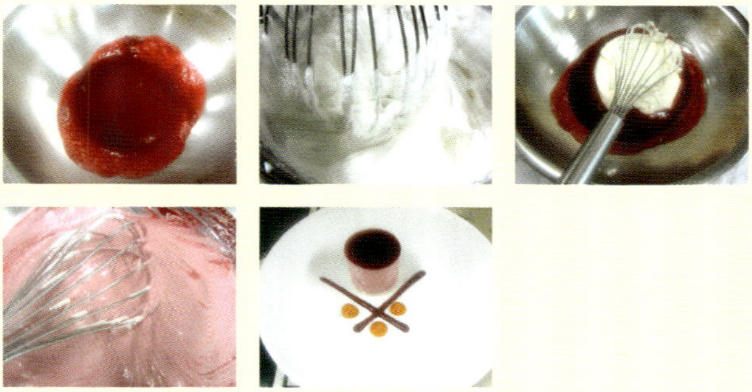

산딸기 무스	
INGREDIENTS	W/MEASURES
산딸기 퓌레	500g
요거트	120g
레몬쥬스	30g
젤라틴	30g
흰자	150g
설탕	150g
생크림	500g

1. 산딸기 퓌레는 불에 올려 따뜻하게 데운다.그래야 젤라틴이 잘 녹아 섞인다. 탄 상태에서는 젤라틴이 잘 녹지않아 섞이지 않는다.
2. 물에 불려 녹인 젤라틴을 넣고 섞는다.
3. 요거트를 섞는다.
4. 레몬쥬스를 넣고 골고루 섞어준다.
5. 흰자를 50% 믹싱한 후 설탕에 물을 넣고 120℃가 되도록 시럽을 만든다.
6. 시럽을 50% 믹싱한 흰자에 천천히 넣어가면서 힘있는 이탈리안 머랭을 만든다.
7. 이탈리안 머랭을 산딸기 퓌레와 섞는다.
8. 생크림을 80% 휘핑하여 위에 넣고 섞는다.
9. 플라스틱 무스띠로 하트 모양을 만들고 또는 원하는 모양의 용기에 무스를 채운다.
10. 위에 비스퀴를 덮어 준다든지 바닥에 깔아준다. 무스속에 냉동 산딸기를 넣어준다.
11. 냉동에서 무스가 굳으면 위에 산딸기 젤로를 덮어서 2시간 동안 굳힌다.
12. 틀을 제거한 후 접시에 놓고 초콜릿, 과일 등으로 장식한다.
13. 산딸기 소스와 키위소스 등을 뿌려준다.

아몬드 비스퀴	
INGREDIENTS	W/MEASURES
흰자	12ea
설탕	360g
중력분	134g
아몬드 분말	225g

아몬드 비스퀴

1. 흰자와 설탕으로 머랭을 만든다.
2. 아몬드 분말과 중력분을 넣고 살살 섞는다.
3. 팬닝하여 윗불190℃ 밑불180℃에서 10~15분간 굽는다.

산딸기 소스	
INGREDIENTS	W/MEASURES
산딸기 퓌레	300g
설탕	100g
레몬주스	10g
젤라틴	7g

오렌지 무스와 보름달

요점 정리 및 키포인트

1. 힘 있는 이탈리안 머랭을 만든다.
2. 플라스틱 무스틀로 모양을 낸다.
3. 젤라틴이 잘 녹아 섞이도록 한다.

학습목표

1. 새콤달콤하고 부드러운 무스를 만든다.
2. 생산량 : 50인분
3. 모양 : 하트, 타원형 등 다양하게

요구사항

1. 힘 있는 이탈리안 머랭을 만든다.
2. 젤라틴이 잘 녹아 섞이도록 한다.
3. 플라스틱 무스틀로 여러형태의 모양을 만든다.

오렌지 무스와 보름달

1. 젤라틴을 물과 섞어 미리 녹여둔다.
2. 물과 설탕을 110℃르 끓여서 시럽을 만든 후 흰자로 머랭을 올린 후 시럽을 넣고 믹싱해서 이탈리안 머랭을 만든다.
3. 생크림을 80% 휘핑한다.
4. 오렌지 퓌레에 녹인 젤라틴을 넣고 섞는다.
5. 휘핑크림을 넣고 섞는다.
6. 이탈리안 머랭을 넣고 섞는다.
7. 레몬쥬스와 그랑마니아를 넣고 섞는다.
8. 준비된 틀 바닥에 비스퀴를 깔아준다.
9. 무스를 채운다음 굳힌다.
10. 틀을 제거한 후 무스를 3개 놓고 소스를 부운 후 데코레이션 한다.

오렌지 무스와 보름달

INGREDIENTS	W/MEASURES
오렌지 퓌레	450g
젤라틴	20g
물	100g
휘핑크림	550g
흰자	100g
설탕	200g
물	60g
레몬	1/2ea
그랑마니아	60g

오렌지 소스

1. 오렌지 퓌레와 설탕 레몬쥬스를 끓인다
2. 전분을 물에 풀어서 넣고 섞는다.

오렌지 소스

INGREDIENTS	W/MEASURES
오렌지 퓌레	300g
설탕	20g
레몬쥬스	10g
전분가루	15g

요구르트 바바로아

요점 정리 및 키포인트

1. 황란은 휘핑한다.
2. 무가당 요구르트를 사용한다.
3. 휘핑크림은 나누어 넣는다.
4. 반죽은 약간 미지근 하게 준비한다.

학습목표

1. 새콤 달콤하고 부드러운 맛의 바바로아를 만든다.
2. 생산량 : 20인분
3. 모양 : 컵 이용

요구사항

1. 황란은 풀어서 물과 설탕을 섞어 준 다음 휘핑한다.
2. 젤라틴은 찬물에 불려 중탕으로 녹인다.
3. 휘핑크림은 2번에 나누어 넣고 섞는다.

바바로아

1. 황란을 풀고 여기에 물과 설탕을 넣고 중탕으로 휘핑한다.
2. 찬물에 불려 녹인 젤라틴과 레몬쥬스 쿠앵트로를 섞는다.
3. 다른 볼에 생크림과 설탕을 넣고 80% 휘핑한 후 풀어둔 요구르트를 넣는다.
4. 휘핑크림 1/2를 넣어 섞고 나머지 휘핑크림 넣고 골고루 잘 섞어준다. 이때 (2)번 이 너무 뜨거우면 안되고 미지근 한 상태에서 휘핑크림을 섞는다.
5. 플라스틱 무스띠로 틀을 만든다.
6. 비스퀴를 깔아준다
7. 바바로아를 채운다.
8. 냉동해서 얼린다.
9. 냉동에서 꺼낸 후 망고젤리와 산딸기 소스를 짜준다.
10. 과일 등으로 장식허준다.

망고 젤리

1. 망고 퓌레와 시럽을 넣고 한 번 끓인 후 녹인 젤라틴을 넣어 섞고 레몬쥬스와 쿠앵트를 넣고 섞는다.

산딸기 소스

1. 산딸기 퓌레와 설탕을 끓인 후 녹인 젤라틴을 넣는다
2. 식혀서 사용한다.

바바로아

INGREDIENTS	W/MEASURES
요구르트 (무가당)	500g
설탕	130g
생크림	300g
노른자	6ea
설탕	50g
물	15g
젤라틴	12g
쿠앵트즈	20
레몬쥬스	1/2ea

망고젤리

INGREDIENTS	W/MEASURES
망고퓌레	400g
시럽	150g
레몬쥬스	1/4ea
쿠앵트르	10g
젤라틴	13g

인삼 샤롯페

요점 정리 및 키포인트

1. 인삼은 갈아서 체에 거른다.
2. 젤라틴을 찬물에 불려준다.
3. 생크림은 80%만 휘핑한다.

학습목표

1. 쌉싸름하고 부드러운 맛의 인삼 샤롯페를 만든다.
2. 생산량 : 11인분
3. 모양 : 타원형

요구사항

1. 인삼은 갈아서 체에 내려 즙만 사용한다.
2. 생크림은 80%만 부드럽게 휘핑한다.
3. 젤라틴은 찬물에 불린 후 녹인다.

인삼 샤롯페

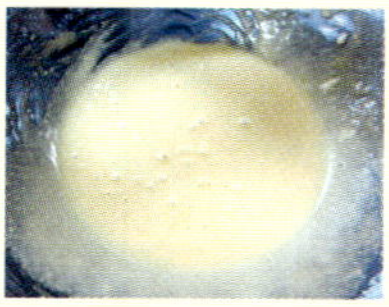
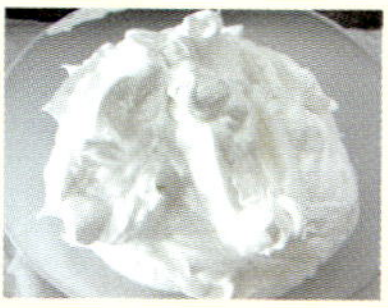

1. 인삼과 물을 섞어서 믹서기에 갈은 후 체애 내린 다음 설탕을 넣고 녹인다.
2. 찬물에 불려 녹인 젤라틴을 넣고 섞는다.
3. 꿀과 인삼주를 넣고 섞는다.
4. 생크림을 80% 휘핑 해놓는다.
5. 생크림을 넣고 고르게 섞어준다.
6. 플라스틱 무스띠로 나뭇잎 모양으로 만든다.
7. 샤롯페를 채워서 굳힌다.
7. 접시에 샤롯페를 3개를 올리고 허니소스를 짜준 다음 데코레이션 한다.

허니소스

1. 레몬즙, 꿀, 인삼차, 물을 넣고 끓인 후 물에 풀어둔 전분을 넣고 섞은 후 한 번 끓여준다.

인삼 샤롯페

INGREDIENTS	W/MEASURES
설탕	250g
물	10g
젤라틴	15g
인삼	200g
물	100g
생크림	500g
인삼주	100g

레몬 하니 소스

INGREDIENTS	W/MEASURES
레몬즙	1/2ea
꿀	40g
물	80g
전분	4g
인삼티	4bg

초콜릿 무스

요점 정리 및 키포인트

1. 초콜릿에 물이 들어가지 않도록 녹인다.
2. 버터를 녹여서 사용한다.
3. 흰자와 설탕으로 이탈리안 머랭을 만든다.
4. 플라스틱 무스띠로 틀을 만들어서 사용한다.
5. 초콜릿에 젤라틴을 바로 넣으면 굳어버린다.

학습목표

1. 달콤하고 쌉싸름한 초콜릿 맛과 부드러운 맛의 조화를 이룬 제품을 만든다.
2. 생산량 : 6~7 인분
3 .모양 : 나뭇잎

요구사항

1. 초콜릿은 중탕으로 녹인다.
2. 노른자는 살짝 휘핑한다.
3. 이탈리안 머랭을 만든다.
4. 버터는 녹여서 사용한다.

산딸기 소스

1. 산딸기 퓌레, 레몬, 설탕을 한 번 끓인 후 녹인 젤라틴을 넣고 섞은 후 식혀서 사용한다.

오렌 소스

1. 산딸기 소스와 방법이 동일하다.

초콜릿 무스

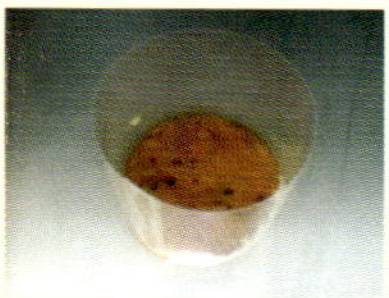

1. 초콜릿을 중탕으로 녹인다.
2. 미리 불려둔 젤라틴을 녹인 후 생크림과 녹인 버터에 섞어서 살짝 휘핑한 노른자와 섞은 후 1번에 넣고 섞는다.
3. 흰자를 휘핑하고 설탕을 120℃로 끓여서 흰자에 넣고 이탈리안 머랭을 만들어서 섞어준다.
4. 틀 바닥에 아몬드 비스퀴를 깔아준다.
5. 초콜릿 무스를 채운다.
6. 틀에 넣고 냉동고에서 굳힌다.
7. 틀 제거 후 3개를 접시에 놓고 산딸기 소스와 오렌지 소스를 뿌려준 후 데코레이션 한다. 위에는 코코아 파우더를 뿌려주어도 좋다.

아몬드 비스퀴

1. 계란, 분당, 아몬드 분말을 잘 섞어서 휘핑한다.
2. 박력분을 섞은 후 녹인 버터를 넣고 잘 섞는다.
3. 흰자를 80% 휘핑 하다가 설탕을 2~3번 나누어 넣으면서 휘핑해서 머랭을 만든다.
4. 2번 반죽과 고르게 섞어준다.
5. 철판 1장에 유산지를 깔고 패닝하여 고르게 편다.
6. 윗불190℃ 밑불180℃에서 약 10분간 굽는다.

초콜릿 무스

INGREDIENTS	W/MEASURES
다크 초콜릿	175g
생크림	125g
버터	28g
노른자	3ea
젤라틴	5g
흰자	3ea
설탕	40g

산딸기 소스

INGREDIENTS	W/MEASURES
산딸기 퓌레	300g
설탕	100g
레몬주스	10g
젤라틴	7g

아몬드 비스퀴

INGREDIENTS	W/MEASURES
흰자	12ea
설탕	360g
아몬드분말	225g
중력분	134g

치즈 바바로이스

요점 정리 및 키포인트

1. 크림치즈를 부드럽게 풀어준다.
2. 젤라틴을 찬물에 불려둔다.
3. 휘핑크림은 80%만 휘핑한다.
4. 용기 바닥에 젤로를 부어서 굳힌 후 바바로이스를 부어서 굳힌다.

학습목표

1. 강한 치즈의 맛과 부드러운 바바로이스의 맛을 내는 제품을 만든다.
2. 생산량 : 11인분
3.모양 : 타원형

요구사항

1. 크림치즈를 다른 재료와 섞어서 부드럽게 풀어준다.
2. 틀 바닥에 젤로를 부어서 굳힌다.
3. 젤로와 바바로이스가 두 가지 형태가 되도록 만든다.
4. 접시에 나뭇잎을 짜고 잼으로 채운다.

치즈 바바로이스

1. 크림치즈, 노른자, 전란, 설탕, 레몬쥬스, 소금 등을 섞어서 부드럽게 풀어준다.
2. 물에 불려 녹인 젤라틴을 넣고 고르게 섞는다.
3. 생크림을 80% 휘핑해서 넣고 고르게 섞는다.
4. 틀 바닥에 제노아즈를 깔아준다..
5. 틀 높이대로 바바로이스를 채우고 냉동에서 굳힌다.
6. 틀을 제거한 후 접시에 3개를 놓는다.
7. 산딸기 소스를 뿌려준다.
8. 오렌지 소스를 뿌려준다.

산딸기 소스

1. 산딸기 퓌레와 설탕을 끓인 후 녹인 젤라틴을 넣는다
2. 식혀서 사용한다.

치즈 바바로이스

INGREDIENTS	W/MEASURES
크림치즈	250g
노른자	6ea
전란	1ea
설탕	50g
소금	2g
레몬쥬스	1/2ea
젤라틴	8g
생크림	250g

산딸기 소스

INGREDIENTS	W/MEASURES
산딸기 퓌레	300g
설탕	100g
레몬쥬스	10g
젤라틴	7g

후류이르쥬 에 바니유

요점 정리 및 키포인트

1. 생크림은 40% 정도만 부드럽게 휘핑한다.
2. 무스 바니유 위에 쥬레 프랍브아르를 짜서 굳힌 후 무스 프람프아르를 부어준다.
3. 맨위에 쥬레 프람브아르를 부어서 굳힌다.
4. 각종 과일로 장식한다.
5. 프랑부아르 퓌레는 80℃정도만 가열한 후 설탕을 넣고 녹인다.

학습목표

1. 부드럽고 달콤한 산딸기 무스를 만든다.
2. 생산량 : 무스컵 6개분
3. 모 양 : 컵

요구사항

1. 생크림은 40%만 부드럽게 휘핑한다.
2. 프랑브아즈 퓌레는 80℃만 가열한 후 설탕을 넣는다.
3. 무스 바니유를 컵에 부은 후 냉각시킨 후 쥬레 프랑브아즈를 부어서 굳힌 후무스 프랑브아즈를 넣고 굳힌다.
4. 두가지 맛이 나는 제품을 만든다.

비스퀴 아 라 퀴이에르

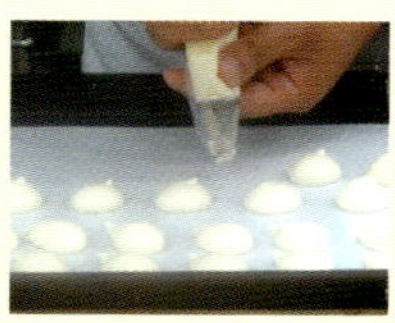

1. 노른자를 살짝 풀고 설탕을 조금씩 나누어 넣으면서 풀어지는 정도만 휘핑한다.

2. 나머지 설탕과 흰자로 80% 믹싱해서 머랭을 만든다.

3. 풀어둔 노른자를 머랭에 섞은 후 밀가루를 넣고 살짝 섞는다.

4. 둥근모양 또는 타원형으로 짜서 분당을 뿌리고 180~190℃ 오븐에서 10분정도 굽는다.

무스 바니유

1. 우유 설탕을 넣고 끓인 후 물에 불린 젤라틴을 넣고 녹인다.
2. 끓인 우유가 25℃정도로 식으면 생크림을 40~50% 휘핑해서 섞는다. (질은 상태가 됨)

쥬레 프랑브아즈

1. 프랑브아즈 퓌레를 80℃정도로 가열한 후 설탕을 넣고 가열 후 젤라틴을 넣고 녹인 후 걸죽하도록 식힌다.
2. 생크림을 40~50% 휘핑하여 넣고 고르게 섞는다.

마무리

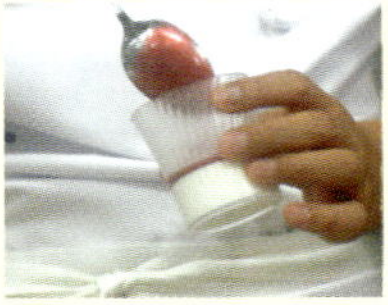

1. 6개의 컵에 크림 바니유를 옆면에 묻지않게 1/2만 짜준 다음 냉동 프랑브아즈를 1개 올리고 냉동에서 굳힌다.
2. 쥬레 프랑브아즈를 2~3mm씩 부어서 냉동에서 굳힌다.
3. 비스퀴 구운것을 시럽에 적신 후 1개씩 올린다.
4. 무스 프랑브아즈를 부어서 굳힌다.
5. 쥬레 프랑브아즈를 부어서 굳힌다.
6. 휘핑크림을 짜고 프랑브아즈 등 과일로 장식하고 비스퀴 구운것을 1개씩 올린다.

비스퀴아라 퀴이에르

INGREDIENTS	W/MEASURES
노른자	20g
설탕	30g
흰자	40g
박력분	30g

쥬레 프랑브아즈

INGREDIENTS	W/MEASURES
프랑브아즈 퓌레	120g
설탕	12g
젤라틴	3g

시럽

INGREDIENTS	W/MEASURES
설탕	15g
물	30g
프랑브아즈 퓌레	10g

무스 프랑브아즈

INGREDIENTS	W/MEASURES
프랑브아즈 퓌레	60g
설탕	14g
젤라틴	2g
생크림	80g

무스, 바니유

INGREDIENTS	W/MEASURES
우유	60g
설탕	15g
젤라틴	2g
생크림	90g
바닐라 센스	약간(g)

저자 김 영 광

(주) 조선호텔 제과부
(주) 호텔 캐피탈 제과부
호텔 제과사 협의회 고문
(주) 국제 빵과자 경연대회 심사위원
전) 세종대학교 사회교육원 강사
현) 국가 기술자격 검정 (제과기능장)
국가 기술자격 검정 실기시험 심사위원
전) 대한 제과 협회 기술분과위원 역임
동경 제과학교 연수
현) 대한민국 제과 기능장
현) 한국관광대학교 제과제빵과 교수
이천시장 표창
전국학생빵과자경연대회 최우수지도교수상 수상

데코레이션 바로알기 공저
제빵기술사 실무 공저
호텔서양과자 및 디저트의 이론과 실습 공저
냉장냉동반죽 이론 및 실습 공저
파티쉐를 위한 제과제빵실무 공저
베이커리 경영 실무 공저
기초 케익 데코레이션 테크닉 저

참 고 문 헌

Cake Decoration. 오병호, 대한출판사.
제과제빵케익 데커레이션 테크닉. 고재석, IFAD
디저트 & 공예. 이명호 · 김현석 · 박상준, 기문사

Decoration Techniques & Dessert
데코레이션 테크닉 & 디저트 실무

2016년 2월 25일 1판 1쇄 인쇄 / 2016년 3월 02일 1판 1쇄 발행
지은이. 김영광
펴낸이. 윤용호 | 펴낸곳. 석학당 출판사 121-856 서울시 마포구 신수동 313-2
등록. 2001.10.23. 제10-2238호 | 전화. 02)719-6116 | 팩스. 02)719-6120
홈페이지. www.shdbooks.co.kr | E-mail. shd6116@chol.com

ISBN 978-89-93158-96-0 93590 가격 19,000원

이 도서의 국립중앙도서관 출판예정도서목록(CIP)은 서지정보유통지원시스템 홈페이지(http://seoji.nl.go.kr)와 국가자료공동목록시스템(http://www.nl.go.kr/kolisnet)에서 이용하실 수 있습니다.(CIP제어번호: CIP2016004439)